Autor _ MICHELET
Título _ JOANA D'ARC

Copyright _ Hedra 2007
Tradução© _ Plínio Augusto Coêlho
Corpo editorial _ André Fernandes
Bruno Costa
Iuri Pereira
Jorge Sallum
Oliver Tolle
Ricardo Martins Valle
Ricardo Musse

Dados _

Dados Internacionais de Catalogação na Publicação (CIP)

Michelet, Jules (1798–1874).

Joana d'Arc. / Michelet, Jules. – São Paulo: Hedra, 2007. 148 p.

ISBN 978-85-7715-065-6

1. Literatura francesa. I. Título.
07-0602 CDD 944

EDITORA HEDRA LTDA.
Endereço _
R. Fradique Coutinho, 1139 (subsolo)
05416-011 São Paulo SP Brasil
Telefone/Fax _ +55 11 3097 8304
E-mail _ editora@hedra.com.br
Site _ www.hedra.com.br
Foi feito o depósito legal.

Autor _ Michelet
Título _ Joana d'Arc
Tradução _ Plínio Augusto Coêlho
Introdução _ Daniel Christino
São Paulo _ 2011

hedra

Jules Michelet (Paris, 1798 – Hyères, 1874) foi um dos principais expoentes da chamada primeira geração de historiadores do século XIX. Filho de um modesto impressor protestante, Michelet teve uma infância pobre e seus estudos foram financiados com muito custo pelo pai. Aluno brilhante, destacou-se rapidamente. Aos 21 anos, fez o *doctorat* em letras e com 23 já lecionava na École Normale. Em 1830, é convidado a dirigir a seção de história do Arquivo Nacional Francês e oito anos depois foi admitido no prestigioso Collège de France, como responsável pela cátedra de história e filosofia moral. A principal obra de Michelet é, sem dúvida, sua monumental *Histoire de France* – em 11 volumes – iniciada em 1831 e concluída apenas em 1867. Nela, Michelet consolida sua concepção metodológica como análise e síntese, marcadamente influenciada pela prosa romântica, cujo principal lema é a ressurreição do passado como descrição abrangente de um determinado modo de vida. Influenciado pelo romantismo, Michelet relacionava-se diretamente com seu objeto, envolvendo-o afetivamente, emprestando aos fatos cor e energia. Para ele, a consciência do historiador era o único instrumento capaz de reconstituir o sentido completo de uma época. No fim da vida, seu gênio afasta-se da temática exclusivamente histórica, tornado-se essencialmente literário. Fascinado pelo tempo e pela vida, passava horas caminhando pensativo no famoso cemitério Père-Lachaise, onde foi sepultado.

Joana d'Arc foi publicado originalmente em 1841 como o tomo V da *Histoire de France*. Michelet tinha então 43 anos e já havia fixado as bases de seu método histórico. O texto cobre o nascimento, os principais feitos, a condenação e a morte de Joana d'Arc. Nesta obra Michelet elabora, ao mesmo tempo, um profundo elogio da religiosidade popular e uma crítica demolidora às decisões políticas e institucionais da Igreja francesa da época. Não é, contudo, uma biografia em sentido estrito. Coerente com sua metodologia, caracteriza Joana d'Arc como a inocente e angelical Donzela, mas a narrativa privilegia a perspectiva histórica da nação francesa, e apresenta, na figura da mártir, uma poderosa imagem do povo francês.

Plínio Augusto Coêlho fundou em 1984 a Novos Tempos Editora, em Brasília, dedicada à publicação de obras libertárias. A partir de 1989, transferiu-se para São Paulo, onde criou a Editora Imaginário, mantendo a mesma linha de publicações. É idealizador e co-fundador do IEL (Instituto de Estudos Libertários).

Daniel Christino é mestre em filosofia e doutorando em comunicação pela UNB. Atualmente leciona na Universidade Federal de Goiás (UFG) e é pesquisador do NPCP/CNPq.

SUMÁRIO

A JOANA D'ARC DE JULES MICHELET

Numa carta endereçada à mãe de seu genro e grande confidente intelectual Adèle Dumesnil, Jules Michelet comenta sua expectativa quanto ao lançamento do volume v de sua *História da França*, dedicado a Carlos VII e Joana d'Arc. Ele diz:

> Espero, nesse volume que vai sair, ter decididamente despojado a minha primeira forma, dominado os pequenos detalhes, de modo a não aparecerem senão subordinados a uma geral harmonia. Vale dizer que eu creio haver encontrado, por concentração e reverberação, uma chama assaz intensa para fundir todas as diversidades aparentes, para lhes dar na história a unidade que tiveram na vida.[1]

Assim Michelet, então com 52 anos – ele nasceu em 1798 e morreu em 1874 –, anuncia ter chegado à maturidade de seu método histórico. Com metáforas emprestadas à química, ele pretende descrever as operações necessárias para dar à história da Donzela de Orléans a "unidade que tiveram em vida". Falta alguma coisa porém. Que chama poderosa é essa, capaz de fundir "todas as diversidades aparentes" num todo coerente e explicativo de um fato cujo acesso está restrito quase apenas aos autos do processo de inquisição movido contra a mártir francesa? Michelet não tem dúvidas, o material incandescente capaz de operar tal fusão é ele próprio, e nisso re-

[1] Jules Michelet, *Lettres inédites* (1841-1871), p.p. Paul Sirvein, 1924. *Apud* Lucien Febvre, *Michelet e a renascença*, São Paulo, Página Aberta, 1995.

side o que há de mais excepcional, e também o que há de mais complicado, em seu método histórico.

Também há aí, para nós, palavras de alerta. A Joana d'Arc deste livro é, acima de tudo, a Joana d'Arc de Michelet. Seu método o exige. Ao colocar o historiador como elemento catalisador da unidade total de um determinado período histórico, Michelet atribui à subjetividade um papel determinante na reconstituição de toda a ambientação social que extrapola, em muito, o mero fato objetivo, fazendo-o integrar o panorama maior do qual provém. Na verdade, não se trata de relatar apenas os fatos, mas principalmente o drama. Um exemplo:

> Antes mesmo que a exortassem à contrição, ela se ajoelhara, invocando Deus, a Virgem, são Miguel, santa Catarina, perdoando a todos e dizendo aos assistentes: "Orai por mim!..." Rogava, sobretudo, aos padres que celebrassem cada qual uma missa por sua alma... Tudo isso de maneira tão devota, tão humilde e tão comovente que, crescendo a emoção, ninguém pôde mais se conter: o bispo de Beauvais pôs-se a chorar, o de Bolonha soluçava, e eis que os próprios ingleses também choravam e lacrimejavam, Winchester assim como os outros.

Todos choram. Os homens, tocados em sua alma pela verdade, mas obrigados em sua vontade pelos interesses do mundo. A verdade move. O drama do sacrifício do justo e a homenagem à verdadeira alma do povo francês se fundem logo antes de sucumbir às chamas. Joana é o povo francês em sua piedosa existência, no último sopro de vitalidade da Idade Média. Ele se erguerá novamente, aos olhos de Michelet, apenas quando a bastilha tombar.

O MÉTODO HISTÓRICO DE MICHELET

O método histórico de Michelet, segundo Lucien Febvre, pode ser definido por duas operações complementares: buscar a síntese e a totalidade. Por totalidade entende-se a procura por uma perspectiva de observação do fenômeno histórico que integre as diversas dimensões constitutivas desse fenômeno. Por outras palavras, "tudo o que é do homem é importante para a história; tudo o que os homens criam é objeto da história, é matéria da história: quer se trate das constituições políticas, quer se trate das igrejas, das religiões ou das filosofias, das criações artísticas ou das obras literárias, das atividades econômicas ou das descobertas científicas".[2] É o mesmo conceito que em Fernand Braudel ganhará o nome de história global. Trata-se de recuperar não apenas o relato objetivamente documentado de uma época, mas ampliar a própria noção de "documento", a fim de incluir a arquitetura ou a arte como fontes inolvidáveis de caracterização de um período histórico. Não significa ignorar ou mascarar as fontes. Não se trata de perder o rigor ou de confundir ficção e história, mas de admitir que uma história metodologicamente positivista não é capaz de recuperar aspectos essenciais de uma época, limitando-se apenas a fontes tradicionais e objetivas. É preciso também fazer pulsar o espírito. Em outros termos, trata-se, para o historiador, de captar o sentido de um fato histórico, de elaborar uma semântica do tempo histórico. Por isso o método de Michelet fica incompleto, disperso, sem uma síntese, sem uma unidade. Por isso "tudo o que é do homem deve ser estudado em conjunto. Porque não há uma única obra do homem que não reaja sobre todas e sobre cada uma das obras do homem".[3]

Quem opera a síntese é a sensibilidade e a racionali-

[2]Lucien Febvre, *Michelet e a renascença*, São Paulo, Página Aberta, 1995, p. 122.

[3]*Idem. Ibidem.*

dade do historiador. Não apenas a síntese de todas as dimensões da atividade humana (a arte, o direito, a arquitetura, a economia etc.), mas também a síntese igualmente importante entre o particular, o caso específico, e o todo, o fluxo mais caudaloso do tempo histórico. É preciso ver em cada evento específico esse elemento de continuidade. Essa é a chave metodológica para compreender não apenas a Joana d'Arc de Michelet. Nela, especificamente, condensam-se a recuperação do sentido de nação pelo povo francês, esmagado pela invasão inglesa e sem forças para reação; também a religiosidade de uma Idade Média em declínio, cuja eclosão como tema, em Michelet, só acontecerá no volume da *História da França* dedicado à Renascença.

O prefácio à edição de 1868 da *História da Revolução Francesa* ilustra bem a postura do historiador Michelet diante de seu objeto. Depois de narrar como se deu seu acesso privilegiado aos anais da revolução, por ter sido diretor do arquivo nacional francês, Michelet diz:

> Nenhum desses grandes atores da Revolução me deixou frio. Não vivi com eles, não acompanhei cada um deles, no fundo de seu pensamento, em suas transformações, como companheiro fiel? Com o tempo eu era um dos seus, um familiar desse estranho mundo. Eu me dera olhos para ver entre essas sombras, e creio que elas me conheciam, viam-me só, com elas nessas galerias, nesses vastos arquivos raramente visitados.[4]

Ele não pretende ter encontrado uma máquina do tempo. Em sua metodologia, reconstruir a história de um determinado fato não significa recriar toda uma época. Ele não convive com os grandes atores da revolução como se pertencesse àquele mundo. Os fantasmas de Miche-

[4] Jules Michelet, *História da Revolução Francesa*, São Paulo, Companhia das Letras, 2003.

let estão encarnados nos próprios documentos - como foi dito, não se trata de abandonar o rigor metodológico. Dão-se à compreensão do historiador "nestes vastos arquivos raramente visitados". O que Michelet almeja é uma compreensão o mais totalizante possível de um período, e ele está convencido de que tal objetivo não pode ser alcançado somente no exercício de citação das fontes tradicionais, embora tampouco possa ser conseguido sem elas. O termo utilizado por Michelet para caracterizar sua operação interpretativa desses documentos é muito mais interessante e, talvez, surpreendente. Ele dá a seu método um caráter de ressurreição.

> A história, uma violenta química moral onde as minhas paixões individuais se convertem em generalidades, onde minhas generalidades se transformam em paixões, onde os meus povos constituem o eu onde o meu eu volta para animar os povos. Dirigem-se a mim para que eu os faça viver... Ah! Estou eu bastante vivo? Ah, irmãos, compaixão não me falta, e é imensa e dolorosa. Mas pensais que eu possa, de permeio às minhas dores, desembaraçar as vossas dores? Tomá-las em mim, de bom grado; mas não me confundirei? Minha vida individual não substituirá a vossa vida geral? Então, diziam-me a gemer que era a mesma coisa, que eles e eu não éramos senão um só, que nossos corações sofriam por igual, que a sua vida vivia dentro da minha vida, que aquelas pálidas sombras eram a minha sombra, ou antes, que eu mesmo era a sombra viva, fugidia, dos povos fixados na verdadeira existência e na imutabilidade.[5]

Ressurreição: tornar vivo o que agora existe apenas na "imutabilidade". Por uma operação intelectual do espírito, o historiador - ao realizar a síntese entre o particular e o geral, entre os diversos elementos da vida humana engajada no fazer do mundo e seu deságüe em fatos espe-

[5]Gabriel Monod, *A vida e o pensamento de Michelet*, 2 vols., 1923. Apud Lucien Febvre, *Michelet e a renascença*, São Paulo, Página Aberta, 1995, p. 130.

cificamente localizados – devolve vida aos eventos e personagens históricos; sendo assim capaz de compreender melhor o sentido da existência humana através do tempo. Não é à toa que a Nova História de Le Goff, Vovelle, Pomian, Burguière, Rossiaud, Vouchez e tantos outros encontre nele um pai e um mentor.

O DRAMA DA DONZELA DE ORLÉANS

Duas grandes idéias emolduram a ressurreição de Joana d'Arc tentada por Jules Michelet. Sua concepção de uma Idade Média agonizante, mas ainda com energia, e o nascimento da idéia de nação como motor ideológico do povo francês, no contexto da Guerra dos Cem Anos. A genialidade de Michelet consiste exatamente em plasmar essas duas idéias na construção de um drama em si mesmo tão poderoso que até hoje marca o espírito piedoso francês e cristão.[6] A Donzela foi beatificada por Pio X em 1909 e santificada por Bento XV em 1920.

Entretanto, para entendermos como Michelet caracteriza o espírito da Idade Média no contexto específico desta obra, precisamos recuar um pouco em termos bibliográficos. O volume V da *História da França*, assim como foi originalmente publicado,[7] continha não apenas os capítulos dedicados à Joana d'Arc, mas uma preleção bastante esclarecedora sobre um livro muito difundido na

[6]Não custa lembrar que o julgamento de Joana d'Arc foi revisto, o famoso *procès de réhabilitation*, 28 anos depois de sua morte e considerado injusto em toda a sua extensão.

[7]Diz Lucien Febvre: "Portanto, Michelet publicou a *Histoire de France* na editora Hachette. Os tomos I e II, compostos, o primeiro no decorrer dos anos 1831-1832, o segundo entre 1832 e 1833, apareceram no fim de 1833. Os outros se seguiram: em 1837, o III, *Philippe lê Bel et sés fils*; em 1840, o IV *Charles V*, Charles VI; em 1841, o V (*Charles VII et Jeanne d'Arc*); em 1843 (dezembro), o VI (*Louis XI*). Ao todo seis volumes seguidos, de 1833 a 1843. Dez anos". *Op. cit.*, p. 257.

Europa daquela época, a *Imitação de Cristo*. "A imitação de Jesus Cristo, o mais formoso livro cristão depois do Evangelho, saiu, como ele, do seio da morte. A morte do mundo antigo, a morte da Idade Média, trouxeram esses germes de vida". [8]

Mas do que trata a *Imitação*? De uma série de máximas sobre como levar uma vida realmente cristã de acordo com o que a época e a população entendiam. É um tratado sobre a moral cristã, construído em estilo aforístico. Seu teor é principalmente antiacadêmico, louvando a vida simples e humilde daqueles que não guiam sua fé pelo intelecto e nem deveriam.

> Que te aproveita discutires sabiamente sobre a Santíssima Trindade, se não és humilde, desagradando, assim, a essa mesma Trindade? Na verdade, não são palavras elevadas que fazem o homem justo; mas é a vida virtuosa que o torna agradável a Deus. Prefiro sentir a contrição dentro de minha alma a saber defini-la.[9]

Ao ser interrogada em seu processo acusatório, Joana d'Arc usava argumentos e proferia sentenças num estilo muito similar e com conteúdo também muito próximo do tipo exortativo que compõem a *Imitação*. Entretanto, o argumento de Michelet é mais sutil e pretende mais do que apenas identificar as fontes de inspiração para o discurso da Donzela. Segundo ele, o grande trunfo da *Imitação* foi preparar o imaginário do povo francês para uma mártir religiosa tão jovem e doce; tornando verossímil a idéia de que Deus enviaria uma santa inocente, pura, angelical e, ao mesmo tempo, furiosamente bélica para livrar a França de seu tormento. A própria Joana d'Arc jamais duvidou de sua missão. Sua fé simples e segura, se-

[8] Jules Michelet, *Jeanne d'Arc*, Édition de Paul Viallaneix, Paris, Gallimard, 1974.

[9] Thomas A. Kempis, *A imitação de Cristo*, Petrópolis, Vozes, 2005.

gundo Michelet, é conseqüência direta da *Imitação*, pois ela, principalmente, havia sido criada à sombra dos aforismos da *Imitação*.

O primeiro manuscrito da *Imitação* que se conhece parece ser do fim do século XIV ou do começo do XV. Desde 1421, as cópias tornaram-se inumeráveis. Acharam-se 20 num só mosteiro. A imprensa nascente aplicou-se principalmente a reproduzir a *Imitação*. Existem 2000 edições latinas, 1000 francesas. Os franceses fizeram 60 traduções, os italianos 30.[10]

Por outro lado, Michelet acreditava que a *Imitação* era, em termos doutrinários, o que havia de melhor numa Idade Média moribunda. Tese importante para Michelet, porque lhe permite opor a fé verdadeira à vaidade eclesiástica, chave privilegiada para a interpretação do sentido que ele dá ao julgamento de Joana d'Arc. Nele, o autor opõe a santidade inocente da donzela ao pérfido arranjo em favorecimento dos ingleses, patrocinado pelo clero e magnificamente personificado na avaliação feita pelos "doutores da fé" da Universidade de Paris:

Chegou, enfim, a reposta da universidade. Ela decidia, com base nos 12 artigos, que esta moça estava possuída pelo diabo, era ímpia para os seus pais, tinha o sangue cristão corrompido. Tal era a opinião da faculdade de teologia. [...] A universidade escrevia ao mesmo tempo ao papa, aos cardeais e ao rei da Inglaterra, louvando o bispo de Beauvais e declarando considerar que "ele havia mostrado elevada gravidade, santa e justa maneira de proceder, com a qual todos deviam estar satisfeitos".

Na interpretação de Michelet, uma escolástica crepuscular estava julgando a fé genuína do povo francês, estava julgando a própria nação francesa de acordo com uma noção corrupta de fé, exatamente porque estava afastada dos hábitos e da sabedoria mais simples do povo. Sem

[10] Jules Michelet, *Jeanne d'Arc*, op. cit.

poder teológico real, restava ao clero sucumbir a uma lógica pragmática da política. Defender a teologia implícita na *Imitação* não é fazer, concomitantemente, uma defesa incondicional do irracionalismo. Michelet não é irracionalista. Sua análise do conjunto da sociedade francesa à época, somada aos elementos fundamentais do imaginário popular que ele tanto valorizava, e à luz de uma política e economia bélica que havia ajudado os ingleses a marcharem até mesmo sobre Paris força-o, exatamente por ser racional, a ver na figura de Joana d'Arc – assim como seu método preconizava – no drama da Donzela de Orléans, mais do que o martírio de uma santa, o verdadeiro batismo de um sentimento de nação que incandesceu o coração dos franceses e permitiu-lhes levantar-se contra a Inglaterra quase vitoriosa.

Tão coerente é o método de Michelet, tão bem articulada sua prosa, que seu estilo, ao falar sobre determinadas passagens do julgamento, ganha um tom deliciosamente irônico e impaciente.

> A religião dessa época é menos a da Virgem que a da mulher; a cavalaria é a do pequeno Jehan de Saintré; somente o romance é mais casto do que a história.
>
> Os príncipes dão o exemplo. Carlos VII recebe Agnes na presença da mãe de sua mulher, da velha rainha da Sicília; mãe, mulher, amante, leva-as consigo ao longo de todo o Loire, em doce harmonia.

E mais adiante, quase sarcástico:

> Os ingleses, mais sérios, só querem amor no casamento; Glocester desposa Jacqueline; entre as damas de honra de Jacqueline, ele percebe uma delas, bela e espirituosa, e também a desposa. [11]

Mas o método de Michelet também tem seus problemas. Ao se entregar tão profundamente à ressurreição

[11] *Idem.*

de uma época, não se pode impedir que o presente extrapole um pouco as amarras metodológicas do historiador. Numa extensa passagem, Michelet deixa transparecer, juntamente com a riqueza de seu método, os perigos também presentes num mergulho tão comprometido. Diz ele, a certa altura:

> Esse grande povo inglês, entre tantas boas e sólidas qualidades, tem um vício que estraga essas mesmas qualidades. Esse vício imenso, profundo, é o orgulho. Cruel enfermidade, mas que é também seu princípio de vida, a explicação de suas contradições, o segredo de seus atos. Neles, virtudes e crimes são quase sempre orgulho; seus ridículos também vem daí. [...] Essa autolatria, esse culto interior da criatura por si mesma, é o pecado que fez cair Satã, a impiedade suprema. [...] É o único povo que não teria podido reivindicar a *Imitação de Cristo*; um francês podia escrever esse livro, um alemão, um italiano – um inglês nunca. De Shakespeare a Milton, de Milton a Byron, sua bela e sombria literatura é cética, judaica, satânica – numa palavra, anticristã.

A clivagem é visceral. Franceses e ingleses. Na mesma passagem um antibritanismo e um anti-semitismo pronunciados. Não apenas Michelet ressuscita o final da Idade Média no drama de Joana d'Arc; este mesmo drama, esta mesma Idade Média decadente, por sua vez, suscita em Michelet os pecados de sua própria época. Seu anti-semitismo, por exemplo, era bastante difundido na sociedade européia do século XIX, em certo sentido por conta do abandono das tentativas assimilacionistas (curiosamente bem-sucedidas na França) e o estabelecimento da imagem de uma casta internacional judaica vinculada à gestão bancária.

> A arrogância de classe se externou quando se estabeleceram ligações comerciais entre os banqueiros judeus – em geral estatais – de diferentes países; seguiram-se casamento entre famílias mais importantes, gerando um verdadeiro sistema transnacional de castas, até

então desconhecido na sociedade judaica. Esse fenômeno acontecia na época do desaparecimento dos velhos estados feudais e da transformação das castas medievais em classes. Concluía-se, assim – e erradamente – que o povo judeu era remanescente da Idade Média, embora essa nova casta judaica fosse recente e desprovida de qualquer raiz anterior: de fato, completou-se somente no século XIX e compreendia numericamente não mais do que talvez umas 100 famílias. Mas, como elas apareciam na ribalta, o povo judeu como um todo passou a ser olhado como uma casta.[12]

Daí as expressões "cética, judaica e satânica", isto é, material, orgulhosa, pecadora. Anticristã. Michelet exagera? Sem dúvida. Contudo, um exagero inspirado pela paixão. Para alcançarmos as motivações profundas do autor, teríamos de mergulhar nos capítulos de sua *História da França* que desenham os motivos e conseqüências da Guerra dos Cem Anos. Seríamos obrigados a ver, pelos olhos de Michelet, os sucessivos massacres de Paris, a grande fome, patrocinados pelo cerco inglês. Sua crítica aos ingleses é de inspiração bélica, mas seu anti--semitismo é conseqüência do espírito do tempo na Europa do século XIX. O mesmo anti-semitismo na Alemanha e na Prússia alimentaria um movimento político de triste memória para o século XX.

Mesmo dando ênfase à construção do imaginário popular como principal meio de propagação do carisma de Joana d'Arc, Michelet não descuida de outros fatores relevantes para explicar o desenvolvimento dos acontecimentos que levaram à morte da Donzela.

A originalidade da Donzela, o que fez seu sucesso, não foi tanto a sua bravura ou as suas visões, foi seu bom senso. Graças ao seu entusiasmo, essa moça do povo vislumbrou o problema e soube

[12]Hannah Arendt, *Origens do totalitarismo*, São Paulo, Companhia das Letras, 2004.

resolvê-lo. O nó que os políticos não podiam desatar, ela o cortou. Declarou, em nome de Deus, que Carlos VII era o herdeiro; tranqüilizou-o em relação a sua legitimidade, da qual ele próprio duvidava. Essa legitimidade ela a santificou, conduzindo seu rei diretamente a Reims e antecipando-se aos ingleses na vantagem decisiva da sagração.

A versão política, a qual sucumbe o clero francês, é exatamente esta: no contexto de uma indecisão acerca do trono francês, era preciso desmoralizar a cerimônia de sagração ocorrida em Reims, caso se pretendesse que Henrique VI tivesse alguma vantagem sobre Carlos VII. A melhor maneira de fazê-lo era convencer a todos, por meio de um julgamento por crime de heresia, que a responsável direta pela coroação era uma bruxa. Entretanto nada disso seria possível sem o húmus cristão espalhado por toda a vida cotidiana do povo francês.

> Eis aqui a causa, não a esqueçamos nunca, a causa suprema dessa revolução. Quanto às causas secundárias, interesses políticos, paixões humanas, nós as diremos também; todas devem experimentar suas forças, vir bater no alvo, sucumbir e confessar-se impotentes, rendendo homenagem assim à grande causa moral que só as tornou mais eficazes.[13]

JOANA D'ARC: MILES CHRIST

O que discutimos acima foi a Joana d'Arc de Michelet. É dentro de sua racionalidade e metodologia histórica que as forças colocadas em curso pela história da França se debatem. O gênio histórico de Michelet, tanto mais genial porque dotado de uma prosa magnífica, ao mesmo tempo comovente e racional, o leitor verá, ressuscitou a personagem para torná-la um dos pilares da nação e do povo francês.

[13]Jules Michelet, *op. cit.*

Mas seria um jogo especulativo interessante, certamente inspirado no próprio Michelet, nos afastarmos deste relato apaixonado e pensarmos um pouco na própria figura, quase mitológica, dessa menina. O que nos fascina, ainda hoje, em Joana d'Arc?

Assim como os anjos de Rilke, ela é uma figura terrível. É preciso entender exatamente a dramaturgia de seu destino para poder entender esse assombro. Imagine-se um inglês em Orléans. A cidade prostrada a seus pés, assim como a poderosa França, cuja força, não muitos anos antes, quase o expulsara de volta à ilha de onde partira. Vitória sobre vitória, Henrique V avançara pela geografia suave do interior. Paris já havia caído e jazia agora numa poça de sangue, sujeira e humilhação. No seu íntimo, ainda com certo receio, consolidava-se um tímido grito de vitória, "Por Deus, vencemos!".

E então você a avista: uma criança, não mais do que uma criança, símbolo da inocência, da doçura; memória de seu próprio lar, há muito abandonado em nome do rei e da honra. Um anjo. O anjo, contudo, empunha um estandarte branco, seu olhar é fogo e um exército em fúria o acompanha. Seu diafragma se contrai num espasmo. Sobre o ombro da menina, a mais terrível das armas, o mais terrível dos inimigos; o próprio Deus a acompanha. Como vencer esse anjo vingador? Como superar tal "bruxaria"?

Assumindo a perspectiva de uma decadência da Idade Média, Joana d'Arc é o último fulgor de uma figura medieval conhecida como *miles Christ* (soldado de Cristo), estrutura fundamental de uma instituição também em crise por volta do século XVI, o guerreiro cristão. Originalmente, o conceito de *miles Christ* associava-se ao fato de que a

A cristandade ocidental do século XI atravessa uma fase de vigorosa expansão expressa igualmente nas empresas militares levadas a efeito por grupos de cavaleiros ou de marinheiros das cidade marítimas – nomeadamente do mar de Tirreno – contra um Islã que, depois de extraordinária explosão, entre os séculos VII e X, atravessa agora uma fase de estagnação no seu movimento de conquista e de crise em sua estrutura interna. [...] No plano da tradição cultural, a conseqüência dessa tensão e desses reencontros não é simplesmente a epopéia cristã-nacional do *Cantar de mio Cid*, mas também a profusão de poemas épicos e lendas em que a fé cristã e o sentido do milagre, apoiado no relato de freqüentes aparições e no culto das relíquias e santuários se traduz num "cristianismo de guerra" muito original, que faz coincidir a exaltação da espiritualidade cristã com a glória militar e mostra, com freqüência, a Virgem e são Tiago, juntamente com os "santos militares" são Jorge, são Teodoro, Mercúrio, Demétrio, Martinho e outros, em plena batalha, entre estandartes brancos, incitando os cristãos e atemorizando e afugentando os infiéis.[14]

Não me parece difícil ver Joana d'Arc entre esses santos guerreiros, seu estandarte branco tremulando, professando um quase anacrônico "cristianismo de guerra", uma vez que se fazia necessária tal atitude. Mas nos é essencial, se quisermos compreender Michelet, pensar sua donzela como uma legítima *dramatis personae* da epopéia que ele constrói para a França. Na sua perspectiva, Joana d'Arc é um símbolo e, como tal, carrega em si um sentido mais abrangente do que as meras circunstâncias temporais de sua existência.

Esta nação tem duas coisas muito fortes, que não percebo em nenhuma outra: ela possui, ao mesmo tempo, o princípio e a lenda, a idéia mais ampla e mais humana e a tradição mais contínua. Esse princípio, essa idéia oculta durante a Idade Média sob o dogma da graça, chama-se, na língua dos homens, fraternidade. Essa tradição

[14]Franco Cardini, *O guerreiro e o cavaleiro.*, em Jacques Le Goff (org.), *O homem medieval*, Lisboa, Presença, 1989.

é a que, de César a Carlos Magno, de Luís XIV a Napoleão, fez da história da França a história da humanidade. Nela se perpetua, de forma diferente, o ideal moral do mundo. De são Luís à Donzela de Orléans, de Joana d'Arc a nossos generais da Revolução; o santo da França, qualquer que seja ele, é o de todas as nações; é adotado, abençoado e pranteado pelo gênero humano.[15]

Joana não é só uma santa francesa, ela é a santa de uma humanidade sintetizada no próprio povo francês. Como símbolo ela transcende a própria história para lhe dar um sentido, um destino. Ela se torna o que há de humano e universal no homem, sua conexão com a graça. Para o espectador desse drama histórico, cujo herói é uma nação Joana d'Arc representa o assombro de ver a mão de Deus moldando os destinos humanos. É precisamente esse caráter dramático, literário e universal construído por Michelet, cujo suporte retórico foi dado pela *Imitação*, o que renova, desde a Idade Média até hoje, a fascinação pela história dessa menina de Orléans.

[15]Jules Michelet, *op. cit.*

JOANA D'ARC

Um dia entrei na casa de um homem que muito viveu, fez e sofreu. Ele tinha nas mãos um livro que acabara de fechar e parecia mergulhado num sonho; vi, não sem surpresa, que seus olhos estavam cheios de lágrimas. Por fim, voltando a si, disse: "Ela está morta! – Quem? – A pobre Joana d'Arc".

Tal é a força desta história, seu império sobre o coração, seu poder para arrancar lágrimas! Bem ou mal contada, seja o leitor jovem ou velho, esteja ele, tanto quanto se queira, consolidado pela experiência, couraçado pela vida, ela o fará chorar. Homens, não enrubescei, e não dissimulai por ser homens. Esta é uma bela causa. Nenhum luto recente, nenhum acontecimento pessoal tem o direito de comover mais um bom e digno coração.

A verdade, a fé e a pátria tiveram os mártires, e em grande número. Os heróis tiveram suas devoções, os santos sua paixão. O mundo admirou, e a Igreja rezou. Aqui é outra coisa. Nada de canonização, nem culto, nem altar. Não se rezou, mas se chora.

A história é a seguinte: Uma criança de 12 anos, uma jovenzinha, confundindo a voz de seu coração com a voz do céu, concebe a idéia estranha, improvável, absurda, se preferirem de executar aquilo que os homens não podem mais fazer: salvar seu país. Ela nutre essa idéia durante seis anos sem confiá-la a ninguém; não diz nada, nem mesmo à sua mãe, nada a nenhum professor. Sem nenhum apoio de padres ou parentes, caminha todo esse tempo sozinha com Deus na solidão de seu grande desígnio. Espera completar 18 anos e então, imutável, executa-

-o, malgrado sua família, malgrado todos. Ela atravessa a França devastada e deserta, as estradas infestadas de bandidos; impõe-se na corte de Carlos VII, lança-se à guerra; e nos campos jamais vistos, nos combates, nada a assombra; lança-se intrépida em meio às espadas; sempre ferida, nunca desencorajada, tranqüiliza os velhos soldados, arrasta todo o povo, que se torna soldado com ela, e ninguém ousa mais ter medo do que quer que seja. Tudo está salvo! A pobre moça, com a carne pura e santa, com esse corpo delicado e terno, embotou o ferro, quebrou a espada inimiga, cobriu com seu seio o seio da França.

A recompensa é a seguinte. Entrege por meio de traição, ultrajada pelos bárbaros, tentada pelos fariseus que em vão tentaram enredá-la por suas palavras, ela resiste a tudo nesse último combate, eleva-se acima de si mesma, eclode em palavras sublimes que farão chorar eternamente... Abandonada por seu rei e pelo povo, salvos por ela, retorna ao seio de Deus pelo cruel caminho das chamas. Nem por isso deixa de fundar sobre o cadafalso o direito da consciência, a autoridade da voz interior.

Nenhum ideal que o homem tenha podido criar aproxima-se desta certíssima realidade.

Não se trata aqui de um doutor, um sábio experimentado pela vida um mártir fortalecido por suas doutrinas e que por elas aceita a morte. É uma moça, uma criança que só possui a força de seu coração.

O sacrifício não é aceito e suportado; a morte não é de modo algum passiva. É um devotamento desejado, premeditado, nutrido durante longos anos; uma morte ativa, heróica e perseverante, de ferimento em ferimento, sem que o ferro nunca desencoraje, até a terrível fogueira.

Sua sublime ignorância enfim, que fez calar toda ciência em sua provação e emudeceu os doutores, é um traço único diante do qual tudo se apaga. Os verdadeiros sábios e os doutos do coração não dirão aqui como Moisés: "Deus passou ... Eu o vi de costas". Eles dirão: "Ei-lo. Esta luz é o olhar de Deus".

Esse mistério é feito para confundir! Como conheceríamos sua fonte se ela mesma não a tivesse revelado?

Quando perguntaram a essa jovem humilde, que antes nada fizera além de coser e tecer para sua mãe, como assumira vestir-se como homem, malgrado os mandamentos da Igreja, como ousara (ela que era tão tímida e cheia de rubor) falar aos soldados, conduzi-los, comandá-los, repreendê-los, forçá-los a combater.

Ela pronuncia uma única frase:

"A *piedade* que dava o reino da França."

Comovente segredo de mulher! A piedade foi tão grande nela que não teve mais piedade de si mesma, que fez esse soberano esforço de furtar-se à sua natureza; ela suportou tantos males alheios e foi tão terna que acabou por se tornar intrépida e por desafiar todos os males.

Tudo isso será mais bem compreendido se descermos do ponto elevado em que sua lenda nos situa, se observamos por um momento a sombria e feia época, o mundo de profundo lodo de onde surgiu a extraordinária aparição. Mas como um *momento* dará a idéia da continuidade eterna de uma guerra sem fim, sem objetivo e sem idéia?

Quando dos nobres historiadores do século XIV cai-se ao bárbaro e grosseiro cronista que inaugura o século XV (o Burguês de Paris), a queda é vertiginosa; entra-se na densa materialidade, num mundo miserável e vil que só experimenta uma coisa: a fome. Esse triste cronista inquieta-se apenas com o preço dos gêneros alimentícios, com saber se poderá reabastecer-se; o pão está caro, os legumes estão em falta, as vinhas congelaram etc. Nosso celeiro, a Beauce, não é mais que uma floresta. A miséria, as epidemias mataram 100 mil almas em Paris. Em compensação, outros habitantes chegam durante a noite: os lobos, insolentes, impudentes que mais nada temem. Entre seus uivos, gritos fúnebres de moribundos ecoam nas longas noites de inverno: "Morro de fome! de frio!" Umas 20 ou 30 crianças às margens das ruas, sem pais, sem cuidados nem auxílio, deitadas sobre as imundícies, buscando sua vida no estrume...

Mundo de danação! O lavrador, pilhado até a morte, deixa tudo por lá, abandona mulher e filhos; que eles morram de fome se quiserem. Lança-se no bosque e se faz bandido, tomando por senhor e capitão o diabo, único rei visível de uma terra maldita.

Ai! Onde está Deus? E entre tantos mortos a piedade também está morta?

Ela vivia no coração de uma mulher.

O âmago desse coração está nessas palavras ingênuas, de acento profundo:

"A piedade que dava *o reino da França*!"

"Nunca vi vertido *o sangue de um francês* sem que meus cabelos não se eriçassem."

E ainda (não tendo sido advertida de uma batalha): "Malvados, não me diríeis, pois, que se verte *o sangue da França*!"

Essa expressão que fala ao coração é pela primeira vez pronunciada. Pela primeira vez, sente-se que a França é amada como uma pessoa. E ela assim se torna a partir do dia que é amada.

Até aquele momento era uma reunião de províncias, um vasto caos de feudos, grande país, de idéia vaga. Entretanto, a partir desse dia, pela força do coração, ela é uma pátria.

Belo mistério! Comovente, sublime! Como o amor imenso e puro de um jovem coração inflamou todo um mundo, deu-lhe essa segunda vida, a verdadeira vida que só o amor dá.

Quando criança, amava todas as coisas, segundo as testemunhas de sua idade. Amava até os animais; os pássaros confiavam nela, a ponto de irem comer em sua mão. Amava suas amigas, seus parentes, mas principalmente os pobres... Ora, o pobre dos pobres, a mais miserável pessoa e a mais digna de piedade naquele momento era a França.

Amou tanto a França!... E a França, comovida, pôs-se a amar a si mesma.

Vê-se desde o primeiro dia em que ela surge em Orléans. Todo o povo esquece o perigo; essa esplendorosa imagem da pátria, vista pela primeira vez, arrebata-o e engaja-o; ele se move intrepidamente para fora dos muros, desfralda sua bandeira, passa sob os olhos dos ingleses que não ousam sair de suas bastilhas.

Recordemo-nos sempre, franceses, que nossa pátria nasceu do coração de uma mulher, de sua ternura e de sua lágrimas, do sangue que ela verteu por nós.

A DONZELA DE ORLÉANS, 1429

A originalidade da Donzela, o que fez seu sucesso, não foi tanto sua bravura ou suas visões, foi seu bom senso. Graças a seu entusiasmo, essa moça do povo vislumbrou o problema e soube resolvê-lo.

O nó que os políticos e os incrédulos não podiam desatar, ela o cortou. Declarou, em nome de Deus, que Carlos VII era o herdeiro; tranqüilizou-o em relação a sua legitimidade, da qual ele próprio duvidava. Essa legitimidade ela a santificou, conduzindo seu rei diretamente a Reims e antecipando-se aos ingleses na vantagem decisiva da sagração.

Não era raro ver as mulheres pegarem em armas. Elas combatiam amiúde durante os cercos,[1] conforme testemunham as 30 mulheres feridas em Amiens, ou Joana Hachette.[2] No tempo da Donzela e nos mesmos anos, as mulheres da Boêmia lutavam como os homens nas guerras dos hussitas.[3]

A originalidade da Donzela, repito-o, não se deve tampouco a suas visões. Quem não as tinha na Idade Média? Mesmo nesse prosaico século XV, o excesso dos sofrimentos exaltara singularmente os espíritos. Vemos, em Paris, um frei Ricardo subverter todo o povo com seus sermões, a ponto de os ingleses acabarem por expulsá-lo da cidade. O carmelita bretão Conecta era ouvido em Courtrai, em Arras, por massas de 15 mil ou 20 mil homens. No lapso de alguns anos, antes e após a Donzela, todas as províncias têm os seus inspirados. É uma Pierrette bretã que conversa com Jesus Cristo. É uma Maria de Avinhão, uma

Catarina da Rochelle. É um pequeno pastor, que Xaintrailles traz de sua região, o qual apresenta estigmas nos pés e nas mãos e que sua sangue nos dias santos.[4]

A Lorena era, segundo parece, uma das últimas províncias onde tal fenômeno teria podido ocorrer. Os lorenos são bravos, batalhadores, mas de bom grado intrigantes e astutos. Se o grande Guise salvou a França antes de conturbá-la, não foi por visões. Encontramos dois lorenos durante o cerco de Orléans, e todos os dois exibem o natural facecioso! de seu espirituoso compatriota Callot; um deles é o canhoneiro mestre João que tão bem se fingia de morto; o outro é um cavaleiro que foi aprisionado pelos ingleses, acorrentado, e que, quando eles partiram, lançou-se a cavalo sobre um monge inglês.[5]

A Lorena dos Vosges tem, é verdade, um caráter mais grave. Essa parte elevada da França, de onde os rios descem de todos os lados para todos os mares, estava coberta de vastas florestas, de tal sorte que os carolíngios as julgavam as mais dignas de suas caçadas imperiais. Em suas clareiras erguiam-se as veneráveis abadias de Luxeuil e Remiremont; esta última, como se sabe, governada por uma abadessa que era princesa do Sacro Império, que tinha seus grandes funcionários, toda uma corte feudal, que fazia seu senescal empunhar diante dela a espada nua. Essa realeza feminina tivera como vassalo, e durante muito tempo, o duque de Lorena.

Foi precisamente entre a Lorena e a Champagne que nasceu, em Domrémy, a formosa e intrépida donzela que devia empunhar tão bem a espada de França.

Há quatro Domrémy ao longo do Mosa num círculo de dez léguas, três da diocese de Toul, uma da de Langres.[6] Provavelmente essas quatro aldeias foram, em tempos mais remotos, domínios da abadia de Saint-Remy de

ela, "estive na casa de seu pai e dormi com ela, como boas amigas...![17] Era uma boa menina, simples e meiga. Ia de bom grado à igreja e aos locais sagrados. Fiava, limpava a casa, como fazem as outras meninas...Confessava-se com freqüência. Enrubescia quando lhe diziam que era excessivamente devota, que ia demais à igreja." Um lavrador, também chamado a testemunhar, acrescenta que ela tratava dos enfermos e dava aos pobres. "Sei disso muito bem", disse, "eu era criança então, e foi ela quem cuidou de mim."

Todo mundo lhe conhecia a caridade, a piedade. Eles bem viam que era a melhor menina da aldeia.

O que ignoravam é que nela a vida das alturas sempre absorveu a outra e dela suprimiu o desenvolvimento vulgar. Teve, de corpo e alma, esse dom divino de permanecer criança. Cresceu, tornou-se robusta e bela, mas sempre ignorou as misérias físicas da mulher.[18] Elas lhe foram poupadas em proveito do pensamento e da inspiração religiosa. Nascida sob os próprios muros da igreja, acalentada ao som dos sinos e nutrida de legendas, ela própria foi uma legenda, breve e pura, do nascimento à morte.

Foi uma legenda viva...Todavia a força da vida, exaltada e concentrada, não se tornou menos criadora. A jovem, sem o saber, *criava*, por assim dizer, e *realizava* suas próprias idéias, fazia delas seres, comunicava-lhes, com o tesouro de sua vida virginal, uma esplêndida e todo-poderosa existência que faria empalidecer as miseráveis realidades deste mundo.

Se *poesia* quer dizer *criação*, sem dúvida essa é a poesia suprema. É preciso saber por que graus ela chegou até aí, de que humilde ponto partiu.

Humilde, sim, mas já poético. Sua aldeia encontrava-

-se a dois passos das grandes florestas dos Vosges. Da porta da casa de seu pai ela via o velho bosque dos *carvalhos.*[19] As fadas habitavam esse bosque; gostavam sobretudo de certa fonte perto de uma grande faia denominada árvore das fadas, das *damas.*[20] As criancinhas penduravam coroas nela, cantavam embaixo dela. Essas antigas *damas* e senhoras das florestas já não podiam, segundo se dizia, reunir-se à fonte: haviam sido excluídas dessa fonte por seus pecados.[21]

Entretanto, a Igreja sempre desconfiava das velhas divindades locais; todos os anos, para expulsá-las, o cura ia celebrar uma missa na fonte.

Joana nasceu no meio dessas legendas, desses devaneios populares. Porém o país oferecia paralelamente uma outra poesia bem diferente, esta, selvagem, atroz, demasiado real, ai de mim!, a poesia da guerra... A guerra! Só essa palavra já exprime todas as emoções; nem todos os dias, sem dúvida, ocorre assalto ou pilhagem, mas bem mais a expectativa, o rebate, o despertar em sobressalto, e na planície, ao longe, o vermelho sombrio do incêndio... Estado terrível, mas poético; os mais prosaicos dos homens, os escoceses das terras baixas, descobriram-se poetas entre os acasos do *border* desse deserto sinistro, que ainda parece maldito, germinaram portanto as baladas, selvagens e vivazes flores.

Joana teve sua parte nessas aventuras romanescas. Viu chegar os pobres fugitivos; a boa moça ajudou a recebê-los: cedia-lhes sua cama e ia dormir no celeiro. Seus pais também foram uma vez obrigados a fugir. Depois, quando a horda de bandidos passou, a família regressou e reencontrou a aldeia saqueada, a casa devastada, a igreja incendiada.

Ela soube, assim, o que é a guerra. Compreendeu

esse estado anticristão, teve horror desse reinado do diabo, onde todo homem morria em pecado mortal. Perguntou-se se Deus permitiria isso sempre, se não poria termo a essas misérias, se não enviaria um libertador, como fizera tantas vezes para Israel, um Gedeão, uma Judite... Sabia que várias mulheres salvaram o povo de Deus, que desde o começo fora dito que a mulher esmagaria a serpente. Pudera ver, no portal das igrejas, santa Margarida com são Miguel pisoteando o dragão...[22] Se, como todo mundo dizia, a perda do reino era obra de uma mulher, de uma mãe desnaturada, a salvação bem podia vir de uma donzela. É justamente o que anunciava uma profecia de Merlim; essa profecia, enriquecida, modificada segundo as províncias, tornara-se completamente lorena na região de Joana d'Arc. Era uma donzela das marcas de *Lorena* que devia salvar o reino.[23] A profecia tinha tomado provavelmente esse embelezamento, em conseqüência do recente casamento de René d'Anjou com a herdeira do ducado de Lorena, que, com efeito, era muito feliz para a França.

Um dia de verão, dia de jejum, ao meio-dia, estando Joana no jardim de seu pai, bem próximo à igreja,[24] viu desse lado uma luz deslumbrante e ouviu uma voz: "Joana, seja uma menina boa e ajuizada; freqüente a igreja". A pobre menina teve muito medo.

De outra feita, ouviu de novo a voz, viu o clarão, mas nesse clarão viu nobres figuras, uma das quais tinha asas e parecia um sábio magistrado. Disse-lhe ele: "Joana, vá em socorro do rei da França e devolva a ele o seu reino". Ela respondeu, toda trêmula: "Senhor, sou apenas uma pobre menina; não saberia cavalgar,[25] nem comandar os soldados". A voz replicou: "Irás encontrar o senhor de Baudricourt, capitão de Vaucouleurs, e ele te conduzirá ao rei.

Santa Catarina e santa Margarida virão em teu auxílio". Joana ficou estupefata e desfeita em lágrimas, como se já antevisse todo o seu destino.

O magistrado era ninguém menos que são Miguel, o severo arcanjo dos julgamentos e das batalhas. Retornou uma vez mais, e encorajou-a, "e contou-lhe o lastimoso estado em que se encontrava o reino da França".[26] Em seguida vieram as brancas figuras das santas, entre inumeráveis luzes, a cabeça ornada com ricas coroas, a voz suave e enternecedora, de fazer chorar. Mas Joana chorava sobretudo quando as santas e os anjos a deixavam. "Eu bem teria desejado", disse ela, "que os anjos me tivessem levado..."[27]

Se ela chorava em meio a tão grande felicidade, não era sem razão. Por mais belas e gloriosas que fossem essas visões, sua vida mudara a partir desse momento. Ela, que até ali só ouvira uma voz, a de sua mãe, da qual a sua era o eco, ouvia agora a pujante voz dos anjos! E o que queria a voz celeste? Que abandonasse essa mãe, esse doce lar. Ela, a quem uma só palavra desconcertava,[28] devia partir para o meio dos homens, dos soldados. Urgia que abandonasse, pelo mundo, pela guerra, esse jardinzinho à sombra da igreja, onde ela ouvia apenas os sinos[29] e onde os pássaros lhe comiam na mão. Pois tal era a aura de doçura que cercava a jovem santa; os animais e os pássaros do céu vinham a ela,[30] como outrora aos Padres do deserto, na confiança da paz de Deus. Joana nada nos disse desse primeiro combate por ela travado. Mas é evidente que ele ocorreu e que durou muito tempo, visto que cinco anos se passaram entre sua primeira visão e sua saída da casa paterna.

As duas autoridades, paterna e celeste, ordenavam coisas contrárias. Uma queria que ela permanecesse na obscuridade, na modéstia e no trabalho; a outra, que partisse e que salvasse o reino. O anjo dizia-lhe para pegar em armas. O pai, rude e honesto camponês, jurava que, se sua filha partisse com os soldados, ele antes a afogaria com suas próprias mãos.[31] De um modo ou de outro, era preciso que obedecesse. Esse foi, sem dúvida, seu maior combate; os que ela sustentaria contra os ingleses deviam ser apenas um jogo à parte.

Encontrou em sua família não apenas resistência, mas tentação. Procuraram casá-la, na esperança de trazê-la de volta às idéias que pareciam mais racionais. Um jovem da aldeia afirmou que quando pequena ela lhe prometera casamento; e, como ela negasse, fê-la ser convocada perante o juiz eclesiástico de Toul. Pensava-se que ela não ousaria defender-se, que deixaria antes condenar-se, casar. Para grande estupefação de todos, Joana foi a Toul, compareceu à justiça e falou, ela que sempre se calara.

Para escapar à autoridade de sua família, ela deveria encontrar em sua própria família alguém que acreditasse nela; era o mais difícil. Na falta de seu pai converteu seu tio para sua missão. Ele levou-a consigo como para cuidar de sua mulher em trabalho de parto. Joana obteve dele a promessa de que pediria para ela o apoio do *sire* de Baudricourt, capitão de Vaucouleurs. O capitão recebeu assaz mal o camponês e lhe disse que a única coisa a ser feita era devolvê-la ao seu pai "bem esbofeteada".[32] Ela não desanimou; quis partir, e foi preciso que seu tio a acompanhasse. Era o momento decisivo; deixava para sempre a aldeia e a família; abraçou suas amigas, sobretudo sua amiguinha Mengette, a quem recomendou a Deus; entretanto, em relação à sua grande amiga e companheira, Haumette, aquela a quem mais amava, preferiu partir sem vê-la.[33] Chegou, pois, a essa cidade de Vaucouleurs com suas grossas vestes vermelhas de camponesa[34] e foi hospedar-se com seu tio na casa da mulher de um segeiro, que se tornou sua amiga. Fez-se conduzir até Baudricourt e disse-lhe com firmeza "que vinha até ele da parte de seu Senhor, para que ele comunicasse ao delfim que se conservasse a salvo e que não travasse nenhuma batalha contra seus inimigos, porque seu Senhor o socorreria no meio da Quaresma...O reino não pertencia ao delfim, mas ao seu Senhor; no entanto, seu Senhor queria que o delfim se tornasse rei e que tivesse esse reino em guarda". Acrescentava que, apesar dos inimigos do delfim, ele seria sagrado rei e que ela o conduziria à sua sagração.

O capitão ficou muito surpreso; suspeitou que houvesse aí alguma maquinação diabólica. Consultou o cura, que aparentemente teve as mesmas dúvidas. Ela não falara de suas visões a nenhum eclesiástico.[35] O cura foi então com o capitão à casa do segeiro, exibiu sua estola e suplicou a Joana que se afastasse caso tivesse sido enviada pelo espírito do mal.[36]

Mas o povo não duvidava de modo algum; estava cheio de admiração. Vinham vê-la de todas as partes. Um gentil-homem lhe disse, para pô-la à prova: "Pois bem! minha amiga, é preciso, portanto, que o rei seja expulso e que nos tornemos ingleses". Joana queixou-se a ele da recusa de Baudricourt: "E no entanto", disse ela, "antes do meio da Quaresma é preciso que eu esteja perante o rei, ainda que para chegar até ele eu tenha de gastar minhas pernas até os joelhos. Pois ninguém no mundo, nem rei, nem duque, nem filha do rei de Escócia podem retomar o reino da França, e não há socorro para ele senão o que eu mesma possa proporcionar, ainda que preferisse permanecer fiando junto à minha pobre mãe, pois este não é meu ofício; mas é preciso que eu vá e que o faça, porque meu Senhor assim o quer". – "E quem é vosso Senhor?" – "É Deus!" O gentil-homem se sentiu tocado. Prometeu-lhe "por sua fé, com a mão na sua, que sob a condução de Deus ele a levaria ao rei". Um jovem fidalgo ficou igualmente comovido e declarou que seguiria aquela santa donzela.

Parece que Baudricourt mandou pedir a autorização do rei.[37] Enquanto aguardava, conduziu-a até o duque de Lorena, que estava enfermo e queria consultá-la. O duque não tirou dela senão o conselho de apaziguar Deus reconciliando-se com sua mulher. Não obstante, encorajou-a.

De volta a Vaucouleurs, Joana encontrou um mensageiro do rei que a autorizava a ir ao seu encontro. O revés da batalha dos Arenques decidiu-a a tentar todos os meios. Ela anunciara o combate no dia mesmo em que ele ocorreu. Os habitantes de Vaucouleurs, sem duvidar de sua missão, cotizaram-se para equipá-la e comprar-lhe um cavalo.[38] O capitão deu-lhe apenas uma espada.

Nesse momento ela teve mais um obstáculo a vencer. Seus pais, avisados de sua partida iminente, quase perderam a razão; envidaram os últimos esforços para retê-la, ordenaram, ameaçaram. Ela resistiu a essa última prova e mandou escrever-lhes rogando que lhe perdoassem.

Era uma rude e perigosa viagem a que ela empreendia. Toda a região era percorrida pelos soldados dos dois partidos. Já não havia estrada nem ponte, os rios estavam cheios; era o mês de fevereiro de 1429.

Partir assim, com cinco ou seis homens de armas, era motivo para fazer uma moça tremer. Uma inglesa, uma alemã jamais se teria arriscado; *a indelicadeza* de tal empreitada tê-la-ia horrorizado. Joana não se perturbou; era demasiado pura para temer algo desse lado.

Vestiu-se como homem e não mais abandonou esses trajes; essa roupa apertada, fortemente ajustada, era sua melhor salvaguarda. Todavia, era jovem e bela. Mas havia ao seu redor, para esses mesmos que a viam mais de perto, uma barreira de religião e temor; o mais jovem dos fidalgos que a conduziram declara que, dormindo perto dela, nunca teve sequer a sombra de um mau pensamento.

Joana atravessava com uma heróica serenidade toda essa região deserta ou infestada de soldados. Seus companheiros lamentavam terem partido com ela; alguns pensavam que talvez fosse feiticeira; sentiam uma vontade enorme de abandoná-la. Quanto a ela, encontrava-se de tal forma tranqüila que, em cada cidade, queria parar a fim de assistir à missa: "Nada temais", dizia ela. "É Deus que traça o meu caminho; foi para isso que nasci".

E ainda: "Meus irmãos de paraíso dizem-me o que devo fazer".[39]

A corte de Carlos VII estava longe de ser unânime em favor da Donzela. Essa moça inspirada que chegava da Lorena, e que o duque da Lorena encorajara, não podia deixar de fortalecer junto ao rei o partido da rainha e de sua mãe, o partido da Lorena e do Anjou. Foi preparada uma emboscada contra a Donzela a certa distância de Chinon, e ela só escapou por milagre.[40]

A oposição contra Joana era tão forte que, quando ela chegou, o conselho ainda discutiu por dois dias se o rei a veria. Seus inimigos acreditaram postergar o assunto indefinidamente tomando a decisão de pedir informações em sua região. Felizmente ela também tinha amigos, as duas rainhas, sem dúvida, e sobretudo o duque de Alençon, que, recém-saído das mãos dos ingleses, estava muito impaciente para levar a guerra ao norte a fim de recuperar seu ducado. A gente de Orléans, a quem, desde 12 de fevereiro, Dunois prometia esse maravilhoso socorro, enviou uma missiva ao rei exigindo a presença da Donzela.

O rei enfim a recebeu, e em meio ao maior aparato; aparentemente, esperava-se que ela ficasse desconcertada. Era noite, 50 tochas iluminavam a sala; um grande número de senhores, mais de 300 cavaleiros, estava reunido em torno do rei. Todos estavam curiosos para ver a feiticeira ou a inspirada.

A feiticeira tinha 18 anos;[41] era uma moça formosa[42] e muito desejável, bastante alta, voz suave e penetrante.

Apresentou-se humildemente, como uma pobre pastorinha,[43] ao primeiro olhar distinguiu o rei, que de propósito se misturara à multidão dos senhores, e ainda que de início ele sustentasse não ser o rei, ela lhe abraçou os joelhos. No entanto, como ele não tinha sido sagrado, ela só o chamava de delfim:

— Gentil delfim – disse ela –, chamo-me Joana, a Donzela. O Rei dos céus comunica-vos por meu intermédio que sereis sagrado e coroado na cidade de Reims e sereis lugar-tenente do Rei dos céus, que é rei da França.

O rei, então, conduziu-a à parte, e após um momento de conversação, os dois mudaram de semblante; ela lhe dizia, conforme contou a seu confessor:

— Eu te digo da parte do Senhor que és *o verdadeiro herdeiro* da França e *filho do rei.*[44]

O que inspirou ainda a estupefação e uma espécie de temor foi que a primeira predição por ela proferida verificou-se imediatamente. Um homem de armas que a viu e achou-a bela exprimiu brutalmente seu mau desejo, blasfemando à maneira dos soldados: – Ai! – disse ela –, tu o renegas e estás tão perto da morte!

Momentos depois ele caiu na água e se afogou.[45] Seus

inimigos objetavam que ela podia prever o futuro, mas prevê-lo por inspiração do diabo. Reuniram quatro ou cinco bispos para examiná-la. Estes, que sem dúvida não queriam comprometer-se com os partidos que dividiam a corte, transferiram o exame para a Universidade de Poitiers. Nessa grande cidade havia universidade, parlamento, uma multidão de pessoas hábeis.

O arcebispo de Reims, chanceler da França, presidindo o conselho do rei, convocou doutores, professores em teologia, uns padres, outros monges, e encarregou-os de examinar a Donzela.

Tendo os doutores entrado e se acomodado numa sala, a jovem foi sentar-se na extremidade do banco e respondeu a suas perguntas. Contou, com uma simplicidade cheia de grandeza,[46] as aparições e as palavras dos anjos. Um dominicano fez-lhe uma única objeção, mas ela estava séria:

— Joana, dizes que Deus quer libertar o povo da França; se tal é a sua vontade, ele não necessita dos soldados.

Ela não se perturbou:

— Ah! meu Deus - disse -, os soldados batalharão, e Deus dará a vitória.

Um outro mostrou-se mais difícil de contentar: era frei Séguin, do Limousin, professor de teologia na Universidade de Poitiers, "homem bem azedo", diz a crônica. Perguntou-lhe em seu francês limusino, que língua falava essa pretensa voz celeste. Joana respondeu com bastante vivacidade:

— Melhor que a vossa.

— Crês em Deus? - perguntou o doutor, irritado. - Pois bem! Deus não quer que se creia em tuas palavras, a menos que mostres um sinal.

Ela respondeu:

— Não vim a Poitiers para fazer sinais ou milagres; meu sinal será fazer levantar o cerco de Orléans. Dêem-me soldados, poucos ou muitos, e eu irei.

No entanto, sucedeu em Poitiers o mesmo que em Vaucouleurs: sua santidade eclodiu no povo; num momento, todo mundo se dirigiu a ela. As mulheres, nobres e burguesas, iam vê-la na casa da mulher de um advogado do parlamento, onde ela se hospedara, e voltavam totalmente emocionadas. Os próprios homens iam lá; conselheiros, advogados, velhos juízes empedernidos deixavam-se levar até ela sem crer em nada daquilo e depois de escutá-la choravam, como as mulheres,[47] e diziam:

— Essa moça é enviada de Deus.

Os próprios examinadores foram vê-la, com o escudeiro do rei; e como começassem seu eterno exame fazendo-lhe doutas citações e provando-lhe, por meio de todos os autores sagrados, que não se devia acreditar nela, Joana disse-lhes:

— Escutai, há no livro de Deus mais do que nos vossos ... não conheço nem A nem B, porém venho da parte de Deus para fazer levantar o cerco de Orléans e sagrar o delfim em Reims ... Antes, no entanto, devo escrever aos ingleses para ordenar-lhes que partam. Assim o quer Deus. Tendes papel e tinta? Escrevei, vou ditar ...[48] "A vós, Suffolk, Classidas e La Poule, ordeno-vos, da parte do Rei dos céus, que retorneis para a Inglaterra ..."[49]

Eles escreveram docilmente; Joana havia conquistado os próprios juízes.

Eles foram de opinião que se podia empregar licitamente a moça, e inclusive se recebeu resposta do arcebispo de Embrun, que fora consultado. O prelado lembrava que muitas vezes Deus tinha revelado a virgens – por exemplo, às sibilas – o que ocultava aos homens. O demônio não podia fazer pacto com uma virgem; era preciso, portanto, assegurar-se se ela era realmente virgem. Desse modo a ciência, levada ao extremo, não podendo ou não querendo explicar-se quanto à delicada distinção das boas e das más revelações, remetia ao corpo coisas espirituais e fazia depender do mistério feminino essa grave questão do espírito.

Como os doutores não sabiam o que dizer, as damas decidiram.[50] A boa rainha da Sicília, sogra do rei, realizou com algumas damas o ridículo exame relativo à honra da Donzela. Uns franciscanos enviados à região dela em busca de informações trouxeram as melhores referências; já não havia tempo a perder. Orléans clamava por socorro; Dunois disparava sem interrupção. Equipou-se a Donzela; criou-se para ela um tipo de nobreza. Deram-lhe inicialmente como escudeiro um bravo cavaleiro, de idade madura, Jean Daulon, que estava a serviço do conde de Dunois e era o mais honesto homem de seu séquito. Ela teve também um nobre pajem, dois arautos de armas, um mestre de cerimônias, dois criados; seu irmão, Pierre d'Arc, veio reencontrá-la e juntou-se aos seus. Deram-lhe como confessor Jean Pasquerel, frei eremita de Santo Agostinho. Em geral os monges, sobretudo os mendicantes, apoiavam essa maravilha da inspiração.

Foi maravilhoso para os espectadores, com efeito, ver pela primeira vez Joana d'Arc em sua armadura branca e sobre seu belo corcel negro, trazendo ao lado uma machadinha[51] e a espada de santa Catarina. Mandara procurar essa espada atrás do altar de santa Catarina de Fierbois, onde a arma foi efetivamente encontrada. Joana empunhava um estandarte branco, guarnecido de flores-de-lis, no qual se representava Deus com o mundo nas mãos; à direita e à esquerda, dois anjos que seguravam cada qual uma flor-de-lis.

— Não quero — dizia ela - servir-me de minha espada para matar alguém.[52]

E acrescentava que, embora amasse sua espada, amava "quarenta vezes mais" seu estandarte. Comparemos os dois partidos no momento em que ela foi enviada a Orléans.

Os ingleses haviam-se enfraquecido nesse longo cerco invernal. Após a morte de Salisbury, muitos soldados que ele recrutara imaginaram-se livres e foram embora. Por outro lado, os Borguinhões haviam sido convocados pelo duque de Borgonha. Quando se forçou a principal bastilha dos ingleses, para a qual os defensores de algumas outras bastilhas tinham recuado, encontraram 500 homens. É provável que no total eles somassem 2000 ou 3000. Nesse pequeno número, nem todos eram ingleses; havia também alguns franceses, nos quais os ingleses não tinham, sem dúvida, grande confiança.

Se eles se tivessem reunido, isso teria formado um corpo respeitável; mas estavam divididos numa dúzia de bastilhas ou muralhas[53] que, em sua maioria, não se comunicavam entre si. Essa disposição prova que Talbot e os outros chefes ingleses tiveram até aí mais bravura e sorte do que inteligência militar. Era evidente que cada uma dessas pequenas praças isoladas seria fraca diante da grande cidade que tencionavam conservar; que essa numerosa população, aguerrida por um longo cerco, acabaria por sitiar os sitiantes.

Quando se lê a formidável lista dos capitães que se lançaram em Orléans: La Hire, Xaintrailles, Gaucourt, Cusan, Coaraze, Armagnac; quando se vê que, independentemente dos bretões do marechal de Retz e dos gascões do marechal de Saint-Sévère, o capitão de Châteaudun, Florent d'Illiers, recrutara a nobreza da vizinhança nessa curta expedição, a libertação de Orléans parece menos miraculosa.

É preciso dizer, no entanto, que faltava algo para que essas grandes forças agissem proveitosamente, algo essencial, indispensável: a unidade de ação. Dunois teria podido proporcioná-la se para isso fossem necessárias destreza e inteligência. Mas não bastavam essas qualidades: era necessária uma autoridade, mais que a autoridade real; os capitães do rei não estavam habituados a lhe obedecer. Para submeter essas vontades selvagens, indomáveis, era necessário o próprio Deus. O Deus dessa época era bem mais a Virgem do que o Cristo. Era necessária a Virgem descida à terra, uma virgem popular, jovem, bela, doce, ousada.

A guerra transformara os homens em animais selvagens; era preciso reconverter essas feras em homens, em cristãos, em súditos dóceis. Grande e difícil transformação! Alguns desses capitães dos Armagnacs eram talvez os homens mais ferozes que já existiram. Basta citar um deles, cujo nome por si só causa horror, Gilles de Retz, o original Barba Azul.

Restava, contudo, uma ascendência sobre essas almas que podiam ser controladas; elas tinham saído da humanidade, da natureza, sem ter podido libertar-se inteiramente da religião. Os bandoleiros achavam, é verdade, um meio de conciliar da maneira mais estranha a religião e o banditismo. Um deles, o gascão La Hire, dizia com originalidade: "Se Deus se convertesse em soldado, seria saqueador". E quando ele ia ao butim fazia sua pequena oração gascã, sem dizer em demasia o que pedia, imaginando que Deus o entenderia com poucas palavras: "Senhor Deus, rogo-te fazer por La Hire o que La Hire faria por ti se fosses capitão e se La Hire fosse Deus".[54]

Foi um espetáculo risível e comovente ver a conversão súbita dos velhos bandoleiros dos Armagnacs. Eles não se retrataram pela metade. La Hire já não ousava jurar; a Donzela teve compaixão da violência que ele se fazia e permitiu-lhe jurar "por seu bastão". Os diabos, de repente, achavam-se convertidos em pequenos santos.

Ela começara exigindo que deixassem suas concubinas e se confessassem.[55] (Joana ordenou que todos se confessassem... e fez com que retirassem suas garotas.) *Mémoires concernant la Pucelle*. Depois, na estrada, ao longo da Loire, mandou erguer um altar sob o céu, comungou e eles comungaram. A beleza da estação, o encanto de uma primavera da Touraine deviam somar-se singularmente à força religiosa da jovem. Eles próprios haviam rejuvenescido; tinham-se esquecido totalmente de si próprios, reencontravam-se, como na mocidade, cheios de boa vontade e esperança, todos jovens como ela, todos crianças... Com ela, começavam de todo coração uma nova vida. Aonde ela os conduzia? pouco lhes importava. Eles a teriam seguido não só a Orléans mas igualmente a Jerusalém. E só dependia dos ingleses que também se dirigissem até lá. Na carta que lhes escreveu, ela lhes propunha graciosamente que se reunissem e partissem todos, ingleses e franceses, para libertar o Santo Sepulcro.[56]

Na primeira noite em que acamparam, Joana dormiu completamente armada, por não haver mulheres junto dela; mas ainda não estava habituada a essa vida rude: ficou enferma.[57] Quanto ao perigo, não sabia do que se tratava.

Ela queria que passassem para o lado norte, para a

margem inglesa, através das bastilhas dos ingleses, assegurando que eles não se mexeriam. Não quiseram escutá-la; seguiram pela outra margem, a fim de passar duas léguas acima de Orléans. Dunois veio ao seu encontro:

— Trago-vos — disse ela — o melhor socorro jamais enviado a quem quer que seja, o socorro do Rei dos céus. Não vem de mim, mas do próprio Deus, que, a pedido de são Luís e de são Carlos Magno, apiedou-se da cidade de Orleáns e não quis tolerar que os inimigos tomassem ao mesmo tempo o corpo do duque e sua cidade.[58]

Entrou na cidade às oito horas da noite (29 de abril), lentamente; a multidão não permitia que se avançasse. Tentavam tocar ao menos em seu cavalo. Olhavam-na "como se vissem a Deus".[59] Falando calmamente ao povo, ela foi até a igreja, depois à casa do tesoureiro do duque de Orléans, homem honrado cujas mulher e filhas a receberam; dormiu com Carlota, uma das filhas.

Entrara com os víveres, porém o exército voltou a descer para passar por Blois. Todavia, ela teria preferido que atacassem de imediato as bastilhas dos ingleses. Ao menos enviou uma segunda intimação às bastilhas do norte, em seguida foi fazer uma outra às bastilhas do sul. O capitão Glasdale cumulou-a de injúrias grosseiras, chamando-a de bronca e dissoluta.[60] No fundo acreditavam que fosse bruxa, e sentiam muito medo. Retiveram seu arauto de armas e pensavam queimá-lo na suposição de que isso talvez quebrasse o encanto. Mas acharam melhor consultar, antes de tudo, os doutores da Universidade de Paris. Dunois, por sinal, também os ameaçava com a morte dos arautos que estavam em suas mãos. Com relação à Donzela, nada temia por seu arauto; enviou um outro dizendo:

— Vai dizer a Talbot que se ele se armar eu também

me armarei…Se ele puder aprisionar-me, que me faça queimar.

Como o exército não chegava, Dunois arriscou-se a sair para buscá-lo. A Donzela, que permaneceu em Orléans, viu-se senhora da cidade, como se toda a autoridade tivesse cessado. Cavalgou ao redor das muralhas, e o povo a seguiu sem temor.[61]

No dia seguinte, foi visitar de perto as bastilhas inglesas; toda a multidão, homens, mulheres e crianças, também foi ver essas famosas bastilhas onde nada se movia. Arrastou a multidão atrás de si até a Santa Cruz para a hora das vésperas. Chorava durante os ofícios,[62] e todos choravam com ela. O povo estava fora de si; não temia mais nada; estava ébrio de religião e guerra, num desses formidáveis acessos de fanatismo em que os homens podem fazer tudo e crer em tudo, em que são igualmente terríveis com os amigos e com os inimigos.

O chanceler de Carlos VII, arcebispo de Reims, retivera o pequeno exército em Blois. O velho político estava longe de supor essa onipotência do entusiasmo, ou talvez a temesse. Ele foi, apesar de sua vontade. A Donzela seguiu na frente, com o povo e os padres, que cantavam hinos; essa procissão passou e tornou a passar diante das bastilhas inglesas; o exército entrou protegido por padres e por uma moça (4 de maio de 1429).[63]

Essa moça, que em seu entusiasmo e em sua inspiração, tinha muita finura, discerniu muito bem a fria malevolência dos recém-chegados. Compreendeu que desejavam agir sem ela, com o risco de pôr tudo a perder. Quando Dunois lhe confessou que temia a chegada de uma nova tropa inglesa, sob as ordens de *sire* Falstoff, ela retrucou-lhe:

— Bastardo, bastardo, em nome de Deus, ordeno-te

que, tão logo saibas da vinda desse Falstoff, faça-me sabê-lo; pois, se ele passar sem que eu saiba, mandarei cortar tua cabeça.[64]

Joana tinha razão para acreditar que queriam agir sem ela. Tendo repousado por um momento próximo à jovem Carlota, levantou-se de repente e disse:

— Ah, meu Deus! o sangue de nossa gente corre por terra... isso é mau! Por que não me acordaram? Depressa, minhas armas, meu cavalo!

Foi prontamente armada e, encontrando embaixo seu jovem pajem a jogar, disse-lhe:

— Ah, rapaz perverso! Não me diríeis que o sangue da França foi derramado!

Partiu a pleno galope, mas logo topou com feridos que regressavam.

— Nunca vi sangue de franceses sem que meus cabelos ficassem eriçados[65] — disse ela.

À sua chegada os fugitivos viraram o rosto. Dunois, que também não fora advertido, chegou ao mesmo tempo. A bastilha (tratava-se de uma das bastilhas do norte) foi de novo atacada. Talbot tentou socorrê-la. Todavia, novas forças saíram de Orléans; a Donzela pôs-se à sua frente e Talbot teve de recuar. A bastilha foi tomada.

Muitos ingleses que vestiram roupas de padres para se salvar foram conduzidos pela Donzela e colocados em segurança[66] na sua área de controle; ela conhecia a ferocidade das pessoas de seu partido. Foi sua primeira vitória, a primeira vez que ela via um campo de massacre. Chorou ao ver tantos homens mortos sem confissão.[67] Quis confessar-se, ela e os seus, e declarou que no dia seguinte, dia da Ascensão, comungaria e passaria o dia em orações.

Esse dia foi bem aproveitado. O conselho se reuniu sem ela e decidiu-se que dessa vez transporiam o Loire para atacar Saint-Jean-le-Blanc, a bastilha que opunha mais obstáculo à entrada dos víveres, e que, ao mesmo tempo, lançariam um falso ataque do outro lado. Os que tinham inveja da Donzela falaram-lhe apenas do falso ataque, mas Dunois confessou-lhe tudo.

Os ingleses então fizeram o que deveriam ter feito antes: concentraram-se. Eles próprios incendiaram a bastilha que seria atacada e recuaram para as duas outras bastilhas do sul, a dos agostinhos e das Tournelles. A bastilha dos agostinhos foi atacada imediatamente, atacada e derrotada. O sucesso deveu-se em parte ainda à Donzela. Os franceses tiveram um momento de pânico e refluíram precipitadamente para a ponte flutuante que fora instalada. A Donzela e La Hire livraram-se da multidão, lançaram-se em barcos e carregaram contra os ingleses pelo flanco.

Restava a bastilha das Tournelles. Os vencedores passaram a noite diante dessa bastilha; mas obrigaram a Donzela, que nada comera durante todo o dia (era sexta-feira), a atravessar de novo o Loire. Entretanto o conselho reunira-se. À noite, informou-se à Donzela que se decidira por unanimidade que, estando a cidade repleta de víveres, esperariam um novo reforço para atacar as Tournelles. É difícil crer que tal fosse a verdadeira intenção dos chefes; havia o maior perigo em esperar, pois de um momento para o outro os ingleses podiam ser socorridos por Falstoff. Provavelmente desejavam enganar a Donzela e retirar-lhe as honras do êxito que ela preparara com tanta eficiência. Mas ela não se deixou enganar.

— Estivestes em vosso conselho – disse-lhes – e eu estive no meu.[68]

E, voltando-se a seu capelão:

— Vinde amanhã ao raiar do dia e não vos afasteis de

mim; terei muito o que fazer; sairá sangue de meu corpo, pois serei ferida acima do seio...

Pela manhã, seu hospedeiro tentou retê-la.

— Ficai, Joana - disse-lhe -, comamos juntos este peixe que acaba de ser pescado.

— Guardai-o - volveu Joana alegremente -, guardai-o até esta noite, quando atravessarei a ponte de volta depois de ter tomado as Tournelles e vos trarei um *Godden* que comerá a sua parte.[69]

Em seguida cavalgou com uma multidão de soldados e burgueses até a porta de Borgonha. Mas o *sire* de Gaucourt, grande senhor da casa real, mantinha-a fechada.

— Sois um homem perverso - disse-lhe Joana. - Quer o queirais, quer não, os soldados vão passar.

Gaucourt sentiu que, ante essa torrente de gente exaltada, sua vida pendia por um fio; e além do mais essas pessoas já não lhe obedeciam. A multidão abriu a porta e forçou uma outra ao lado.

O sol levantava-se sobre o Loire no momento em que a multidão lançou-se nos barcos. No entanto, tendo chegado às Tournelles, sentiram que precisavam de artilharia e foram buscá-la na cidade. Enfim, atacaram a muralha externa que cobria a bastilha. Os ingleses defendiam-se valorosamente.[70] A Donzela, ao ver que os assaltantes começavam a enfraquecer-se, lançou-se ao fosso, tomou uma escada; estava a colocá-la contra o muro quando uma flecha veio perfurá-la entre o colo e o ombro. Os ingleses saíam para capturá-la, mas os seus socorreram-na a tempo. Longe do combate, estendida sobre a relva e desarmada, pôde ver a profundidade de sua ferida; a flecha atravessara-a, saindo por trás; Joana apavorou-se e chorou...[71] De repente ela se levanta; suas santas tinham-lhe aparecido; Joana afasta os soldados, que queriam mitigar com palavras a dor do ferimento; mas ela não queria curar-se, segundo dizia, contra a vontade de Deus. Permitiu apenas que colocassem óleo sobre a ferida e confessou--se.

Entretanto, nada avançava e a noite estava para chegar. O próprio Dunois ia fazer soar a retirada quando ela lhe disse:

— Aguardai um pouco mais, bebei e comei – e pôs-se a orar em um vinhedo.

Um basco tomara das mãos do escudeiro da Donzela seu estandarte, tão temido pelo inimigo:

— Assim que o estandarte tocar o muro – dizia Joana – podereis entrar. Eis que já o toca. – Entrai, pois; tudo é vosso.

Com efeito os assaltantes, fora de si, subiram "como por um degrau". Nesse momento os ingleses eram atacados simultaneamente pelos dois lados.

Entretanto os habitantes de Orléans, que da outra margem do Loire observavam o combate, não mais puderam conter-se. Abriram as portas e atiraram-se sobre a ponte. Mas havia um arco rompido; lançaram sobre ele uma débil passarela, e um cavaleiro de são João, completamente armado, arriscou-se a passar sobre ela. A ponte foi mais ou menos restabelecida. A multidão atravessou-a.

Os ingleses, vendo chegar esse mar de gente, pensaram que o mundo inteiro se reunira ali.[72] Foram tomados de vertigem. Uns viam santo Aignan, patrono da cidade; outros, o arcanjo Miguel.[73] Glasdale quis refugiar-se indo da muralha para a bastilha por uma pequena ponte; essa ponte, porém, foi destruída por um pelouro; o inglês caiu e afogou-se sob os olhos da Donzela a quem tanto injuriara.

— Ah! – dizia ela –, como me compadeço da tua

alma![74] Havia 500 homens na bastilha; todos foram passados a fio da espada.

Não restava um único inglês ao sul do Loire. No dia seguinte, domingo, os do norte abandonaram suas bastilhas, sua artilharia, seus prisioneiros, seus enfermos. Talbot e Suffolk dirigiam essa retirada altivamente e em boa ordem. A Donzela proibiu que fossem perseguidos, pois se retiravam por sua própria vontade. Mas, antes que se afastassem e perdessem de vista a cidade, fez erguer um altar na planície, onde se celebrou a missa; e, em presença do inimigo, o povo rendeu graças a Deus (domingo, 8 de maio).[75]

O efeito da libertação de Orléans foi prodigioso. Todos reconheceram ali um poder sobrenatural. Muitos o atribuíram ao diabo, mas a maioria a Deus; em geral, começava-se a crer que Carlos VII tinha o direito de seu lado.

Seis dias após o cerco, Gerson publicou e divulgou um tratado onde provava que se podia, sem ofender a razão, creditar a Deus esse maravilhoso acontecimento. A boa Cristina de Pisan também escreveu para felicitar o sexo feminino. Vários tratados foram publicados, mais favoráveis que hostis à Donzela, e pelos próprios súditos do duque de Borgonha, aliado dos ingleses.

Carlos VII devia aproveitar esse momento, ir ousadamente de Orléans a Reims a fim de apoderar-se da coroa. Isso parecia temerário e, apesar do primeiro pavor dos ingleses, não deixava de ser difícil. Visto que eles cometeram o grave erro de ainda não ter sagrado o jovem Henrique VI, era necessário precedê-los. O primeiro a ser consagrado devia permanecer como rei. Também seria muito importante para Carlos VII empreender sua cavalgada real através da França inglesa, tomar posse, mostrar que em qualquer parte da França o rei estava em sua casa.

Só a Donzela era de tal opinião, e essa heróica loucura era a própria sabedoria. Os políticos, os opositores do conselho, sorriam; queriam que se avançasse lenta e seguramente, isto é, que se desse aos ingleses o tempo para recobrar coragem. Todos esses conselheiros davam opiniões segundo seus interesses. O duque de Alençon queria que se marchasse para a Normandia, que se reconquistasse Alençon.[76] Os outros reivindicaram e obtiveram que se permanecesse no Loire, que se faria o cerco às pequenas praças; era a opinião mais tímida e, principalmente, o interesse das casas de Orléans, de Anjou, o de La Trémouille, do Poitou, favorito de Carlos VII.

Suffolk lançara-se sobre Jargeau; lá foi cercado, acossado. Beaugency também foi tomada, antes que Lorde Talbot tivesse podido receber os reforços do regente que sir Falstoff lhe trazia. O condestável de Richemont, que desde muito tempo se mantinha em seus feudos, veio com seus bretões, malgrado o rei, malgrado a Donzela, em socorro do exército vitorioso.[77]

Era iminente uma batalha; Richemont vinha em busca de glória. Talbot e Falstoff haviam-se reunido; no entanto, coisa estranha que retrata o estado do país e essa guerra completamente fortuita: não se sabia onde encontrar o exército inglês nesse deserto da Beauce, coberto de matas e silvados. Um cervo descobriu os ingleses; perseguido pela vanguarda francesa, foi precipitar-se nas fileiras inglesas.

Os ingleses estavam em marcha e não tinham, como de hábito, plantado sua defesa de estacas. Apenas Talbot queria lutar, furioso como estava, desde Orléans, por ter fugido dos franceses; *sire* Falstoff, ao contrário, que ganhara a batalha dos Arenques, não precisava de uma batalha para se reabilitar; ele dizia, como homem sábio, que com um exército desanimado era preciso permanecer na defensiva. Os soldados franceses não esperaram o fim da disputa; chegaram a galope e não encontraram grande resistência.[78] Talbot obstinou-se em combater, acreditando talvez que se faria matar, e só conseguiu que o aprisionassem. A perseguição foi mortífera; os corpos de 2000 ingleses juncaram a planície. Vendo todos esses mortos a Donzela chorava; chorou ainda mais ao ver a brutalidade do soldado, e como ele tratava os prisioneiros que não podiam fazer-se perdoar; um deles foi tão brutalmente golpeado na cabeça que tombou moribundo; a Donzela não se conteve; desceu do cavalo, levantou a cabeça do pobre homem, mandou buscar um padre e consolou o moribundo, ajudando-o a morrer.[79]

Após a batalha de Patay (28 ou 29 de junho), chegara o momento – era agora ou nunca – de arriscar pôr em marcha a expedição de Reims. Os políticos queriam permanecer ainda no Loire, assegurar Cosne e La Charité. Mas de nada valeu sua manifestação; as vozes tímidas já não podiam ser escutadas. A cada dia afluíam pessoas de todas as províncias que ali chegavam em virtude do rumor dos milagres da Donzela; só acreditavam nela e, como ela, tinham pressa em conduzir o rei a Reims. Era um irresistível ímpeto de peregrinação e cruzada.

O indolente e jovem rei acabou ele próprio deixando-se levar por essa onda popular, por essa grande maré que subia e o impelia para o norte. Rei, cortesãos, políticos, entusiastas, partiram todos juntos, por bem ou por mal; os loucos e os sábios também. De início, eram 12000; ao longo do caminho, porém, a massa ia aumentando; outros acorriam, outros mais; os que não possuíam armaduras seguiam a santa expedição como simples camponeses, por mais fidalgos que pudessem ser, como arqueiros, como cuteleiros.

O exército, tendo partido de Gien en 28 de junho, passou ao largo de Auxerre, sem tentar entrar; a cidade encontrava-se nas mãos do duque de Borgonha, que era tratado com prudência. Troyes tinha uma guarnição mesclada de borguinhões e ingleses; ao primeiro vislumbre do exército real, estes ousaram fazer uma surtida. Havia pouca conveniência em forçar uma grande cidade tão bem guardada, e isso sem artilharia. Todavia, como deter-se para sitiá-la? Como, por outro lado, avançar deixando semelhante praça atrás de si? O exército já sofria de fome. Não era melhor regressar? Os políticos triunfavam.

Só um velho conselheiro Armagnac, o presidente Maçon, era da opinião contrária e compreendera que em tal empresa a sabedoria estava ao lado do entusiasmo, e que numa cruzada popular não se devia raciocinar.

— Quando empreendeu esta viagem - disse ele -, o rei não o fez pelo grande poderio dos soldados, nem pelo muito dinheiro que tinha, nem porque a viagem parecia-lhe possível; empreendeu-a porque Joana dizia-lhe para avançar e fazer-se coroar em Reims, onde encontraria pouca resistência, pois tal era a vontade de Deus.

A Donzela, vindo então bater à porta do conselho, assegurou que em três dias se poderia entrar na cidade.

— Nós esperaríamos até mesmo seis - disse o chanceler - se estivéssemos seguros de que dizeis a verdade.

— Seis? Entrareis na cidade amanhã.[80]

Joana empunha seu estandarte; todos a seguem em direção aos fossos; jogam neles tudo o que encontram, feixes de lenha, portas, mesas, vigas. E isso acontecia tão rápido que os habitantes da cidade acreditaram que num instante não haveria mais fossos. Os ingleses começaram a se ofuscar, como em Orléans; pensavam ver uma nuvem de borboletas brancas que volteavam ao redor do mágico estandarte. Os burgueses, por sua vez, ficaram apavorados ao lembrar-se de que foi em Troyes que se concluiu o tratado que deserdava Carlos VII; temiam que sua cidade servisse de exemplo; já se refugiavam nas igrejas, gritando que era preciso render-se. Os soldados não pediam nada melhor. Parlamentaram e obtiveram autorização para partir com tudo o que tinham.

O que tinham consistia principalmente em prisioneiros, em franceses. Os conselheiros de Carlos VII que elaboraram a capitulação nada tinham estipulado para esses desgraçados. Só a Donzela pensou nisso. "Quando os ingleses saíram com seus prisioneiros amarrados, ela postou-se diante das portas e exclamou: 'Meu Deus! Eles não os levarão!' Com efeito, ela os deteve e o rei pagou o resgate."

Senhor de Troyes em 9 de julho, o rei entrou em Reims no dia 15, e no dia 17 (domingo) foi sagrado. Na mesma manhã, a Donzela, colocando a reconciliação antes do sacrifício, segundo o preceito do Evangelho, ditou uma bela carta para o duque de Borgonha; sem recordar nada, sem irritar, sem humilhar ninguém, dizia-lhe com muito tato e nobreza: "Perdoai-vos uns aos outros de todo o coração, como cumpre a leais cristãos".

Carlos VII foi ungido pelo arcebispo com o óleo da santa ampola trazida de Saint-Remy. Em conformidade com o ritual antigo,[81] ele foi suspenso sobre seu trono pelos pares eclesiásticos e servido pelos pares laicos na sagração e no banquete. Em seguida foi a Saint-Marcou tocar as escrófulas.[82] Todas as cerimônias foram realizadas sem que nada faltasse. Carlos VII tornou-se o verdadeiro e único rei, segundo as crenças da época. Doravante os ingleses podiam fazer sagrar Henrique; aos olhos dos povos, essa nova sagração não podia ser senão uma paródia da outra.

No momento em que o rei foi sagrado, a Donzela prosternou-se diante dele, abraçando-lhe as pernas e chorando copiosamente. Todos os presentes choravam.

Assegura-se que ela lhe disse:

— Ó gentil rei, agora está feita a vontade de Deus, que queria que eu fizesse levantar o cerco de Orléans e que vos conduzisse à vossa cidade de Reims para receber a santa sagração, mostrando que sois verdadeiro rei e que a vós deve pertencer o reino da França.

Tinha razão a Donzela; fizera e concluíra o que tinha de fazer. Assim, no júbilo mesmo dessa triunfante solenidade, ela teve a idéia, o pressentimento talvez, de seu fim próximo. Quando entrava em Reims com o rei, enquanto todo o povo vinha à frente cantando hinos, ela disse:

— Bom e devoto povo!... Se eu tiver de morrer, ficaria feliz se me enterrassem aqui!

— Joana - disse-lhe o arcebispo -, onde acreditais morrer?

— Não sei. Onde Deus quiser... Bem gostaria que lhe aprouvesse que eu fosse guardar os carneiros com minha irmã e meus irmãos... Eles ficariam tão contentes de me rever!... Ao menos fiz o que Nosso Senhor ordenou-me que fizesse.

E deu graças, elevando os olhos ao céu. "Todos os que a viram nesse momento", diz a velha crônica, "acreditaram, mais do que nunca, tratar-se de obra de Deus."[83]

O CARDEAL DE WINCHESTER: *processo e morte da donzela, 1429–1431*

A virtude da sagração e seu efeito todo-poderoso sobre a França do norte foram tais que desde então a expedição pareceu ser apenas uma tranqüila tomada de posse, um triunfo, uma continuação da festa de Reims. Os caminhos se aplainavam perante o rei, as cidades abriam-lhe as portas e baixavam as pontes levadiças. Era como uma peregrinação real da catedral de Reims a Saint-Médard de Soissons, em Notre-Dame de Laon. Detendo-se alguns dias em cada cidade, cavalgando à vontade, o rei entrou em Château-Thierry, em Provins, de onde, refeito e repousado, retomou rumo à Picardia seu passeio triunfal.

Ainda havia ingleses na França? Havia boas razões para se duvidar disso. Desde Patay não se ouvira mais falar de Bedford. Não porque lhe faltasse a atividade ou a coragem, mas porque gastara seus últimos recursos. Pode-se julgar sua aflição por um único fato que diz tudo: já não podia pagar seu parlamento, de sorte que essa corte cessou todo serviço, e até mesmo, quando da entrada do jovem rei Henrique, não foi possível, segundo o costume, registrar essa entrada com pormenores nos registros, "porque faltava pergaminho".[84]

Em tal situação, Bedford não tinha a escolha dos meios. Foi preciso que recorresse ao homem de quem menos gostava, seu tio, o rico e todo-poderoso cardeal de Winchester. Mas este, tão avaro quanto ambicioso, regateava e contemporizava.[85] O tratado só foi concluído em 1° de julho, dois dias após a derrota de Patay. Carlos VII entrava em Troyes, em Reims; Paris estava em sobressalto e Winchester ainda se encontrava na Inglaterra. Bedford, para preservar Paris, chamou o duque de Borgonha. Este foi, com efeito, mas quase sozinho; todo o partido que o regente tirou dele foi fazê-lo figurar numa assembléia de notáveis, fazê-lo falar e repetir uma vez mais a lamentável história da morte de seu pai. Feito isso ele partiu deixando como único socorro a Bedford alguns soldados picardos; exigiu entretanto que, em troca, se pusesse a cidade de Meaux a seu serviço.[86]

Só havia esperança em Winchester. Esse padre reinava na Inglaterra. Seu sobrinho, o *protetor* Glocester, chefe do partido da nobreza, perdera-se por motivo de imprudências e loucuras. Ano após ano, sua influência diminuíra no conselho; este era dominado por Winchester, que reduzia a nada o protetor, a ponto de corroer o salário do protetorado de ano para ano;[87] isso era matá-lo, em um país onde cada homem é cotado estritamente ao valor de sua remuneração. Winchester, ao contrário, era o mais rico dos príncipes ingleses e um dos grandes beneficiários do mundo. O poderio seguiu o dinheiro, como sempre acontece. O cardeal e os ricos bispos de Canterbury, York, Londres, Ely e Bath constituíam o conselho; se deixavam leigos tomar assento, era sob a condição de que estes nada diriam, e nas sessões importantes nem sequer eram chamados. O governo inglês, conforme se podia prever desde o advento dos Lancaster, tornara-se completamente episcopal. É o que transparece nas atas dessa época. Em 1429, o chanceler abre o Parlamento por uma terrível invectiva contra a heresia; redige artigos contra os nobres, que acusa de banditismo, contra os exércitos de servidores dos quais se cercavam etc.[88]

Para levar o poderio do cardeal ao ápice, era preciso que Bedford estivesse tão por baixo na França quanto estava Glocester na Inglaterra, que ele fosse reduzido a pedir socorro a Winchester, e que este, à frente de um exército, fosse fazer sagrar Henrique VI. Esse exército, Winchester o tinha completamente pronto; encarregado pelo papa de uma cruzada contra os hussitas da Boêmia, engajara sob esse pretexto alguns milhares de homens. O papa lhe dera o dinheiro das indulgências para conduzi-los à Boêmia; o conselho da Inglaterra deu-lhe ainda mais dinheiro para retê-los na França.[89] O cardeal, para a grande surpresa dos cruzados, vendeu-os; foi duas vezes pago, pago por um exército que lhe servia para tornar-se rei.

Com esse exército, Winchester devia assegurar-se de Paris, conduzir o pequeno Henrique até ali para sagrá-lo. Mas essa sagração só assegurava o poderio do cardeal na medida em que conseguisse denegrir a sagração de Carlos VII, aviltar suas vitórias, perdê-lo no espírito do povo. Contra Carlos VII na França, contra Glocester na Inglaterra, ele empregou, conforme se verá, um mesmo meio muito eficaz naquela época: um processo por bruxaria.

Foi somente em 25 de julho, quando Carlos VII já estava, havia nove dias, efetiva e devidamente sagrado, que o cardeal entrou com seu exército em Paris. Bedford não perdeu um momento; partiu com tais tropas para observar Carlos VII.[90] Duas vezes estiveram frente a frente, e houve algumas escaramuças. Bedford temia pela Normandia; deu-lhe cobertura, e nesse meio-tempo o rei marchou até Paris (agosto).

A Donzela não era dessa opinião; as vozes diziam-lhe para não avançar além de Saint-Denis; a cidade dos sepulcros reais era, como a da sagração, uma cidade santa; para além dela, Joana pressentia algo sobre o que ela já não tinha ação. Carlos VII deve ter pensado o mesmo. Essa inspiração de santidade guerreira, essa poesia de cruzada que comovera os campos, não havia perigo de colocá-la frente à cidade arrazoadora e prosaica, diante do povo trocista, dos escolásticos e dos cabochianos?[91]

A empresa era imprudente. Tal cidade não é tomada por um ataque repentino; só é conquistada pela falta de víveres. Ora, os ingleses eram senhores do Sena em cima e embaixo. Tinham a força e eram apoiados por um bom número de habitantes que com eles se comprometeram. Aliás, fazia-se correr o rumor de que os Armagnacs iam destruir a cidade, arrasá-la. Não obstante, os franceses conquistaram uma muralha. A Donzela desceu ao primeiro fosso e transpôs a lombada que separava esse fosso do segundo. Percebeu ali que este último, que rodeava os muros, estava cheio de água. Sem se preocupar com uma saraivada de flechas que lhe caíam ao redor, Joana gritou para que levassem faxinas,[92] enquanto sondava a profundidade da água com sua lança. Encontrava-se ali quase sozinha, exposta a todas as flechas; uma delas atravessou-lhe a coxa. Tentou resistir à dor e permaneceu no local para encorajar as tropas ao assalto. Enfim, tendo perdido muito sangue, foi abrigar-se no primeiro fosso; só conseguiram convencê-la a regressar às 10 ou 11 horas da noite. Parecia sentir que esse fracasso solene sob os muros de Paris devia perdê-la irremediavelmente.

Mil e quinhentos homens foram feridos nesse ataque em que ela foi injustamente acusada de ter aconselhado. Joana retornou, amaldiçoada assim pelos seus como pelos inimigos. Não tivera escrúpulo de empreender o assalto no dia da Natividade de Nossa Senhora (8 de setembro);

a piedosa cidade de Paris ficou extremamente escandalizada.[93]

A corte de Carlos VII estava-o ainda mais. Os libertinos, os políticos, os cegos devotos da letra, inimigos jurados do espírito, todos se declaram resolutamente contra o espírito no dia em que ele parece enfraquecer-se. O arcebispo de Reims, chanceler da França, que nunca simpatizara com a Donzela, conseguiu, contra a opinião desta, que se negociasse. Foi a Saint-Denis pedir uma trégua; talvez esperasse, em segredo, agradar o duque de Borgonha, que se achava em Paris naquele momento.

Mal estimada, sem apoio, a Donzela empreendeu durante o inverno os cercos de Saint-Pierre-le-Moustier e de La Charité. No primeiro, quase abandonada,[94] consumou, não obstante, o assalto e tomou a cidade. O cerco de La Charité arrastou-se, esmoreceu, e um terror pânico dispersou os sitiantes.

Entrementes, os ingleses tinham convencido o duque de Borgonha a ajudá-los seriamente. Quanto mais fracos os via, maior era sua esperança de conservar as praças que poderia tomar na Picardia. Os ingleses, que acabavam de perder Louviers, colocavam-se à sua disposição. Esse príncipe, o mais rico da cristandade, já não hesitava em empregar dinheiro e homens numa guerra de que esperava tirar proveito. Por algum dinheiro conquistou o governador de Soissons. Depois sitiou Compiègne, cujo governador também era um homem muito suspeito. Mas os habitantes estavam demasiado comprometidos com a causa de Carlos VII para permitir que se entregasse a sua cidade. A Donzela saiu em seu socorro. No mesmo dia, fez uma surtida e quase surpreendeu os sitiantes. Todavia, estes logo se recuperaram e rechaçaram vivamente os sitiados até a muralha, até a ponte. A Donzela, que permanecera na retaguarda para cobrir a retirada, não pôde regressar a tempo, seja porque a multidão obstruía a ponte, seja porque já tinham fechado a barreira. Sua roupa a denunciava; logo foi cercada, capturada, tirada de seu cavalo. O soldado que a aprisionou, um arqueiro picardo, segundo outros o bastardo de Vendôme, vendeu-a a João de Luxemburgo. Todos, ingleses e borguinhões, viram com estupefação que esse objeto de terror, esse monstro, esse diabo, não passava de uma moça de 18 anos.

Que assim deveria acontecer, ela o sabia de antemão; esse acontecimento cruel era infalível, digamo-lo, necessário. Era preciso que ela sofresse. Se não tivesse passado por essa provação e purificação suprema, sobre sua santa figura teriam permanecido sombras duvidosas em meio aos raios luminosos; Joana não teria ficado na memória dos homens como A DONZELA DE ORLÉANS.

Ela dissera, referindo-se à libertação de Orléans e à sagração de Reims: "Foi para isso que nasci". Cumpridas essas duas missões, sua santidade estava em perigo.

Guerra, santidade, duas palavras contraditórias; parece que a santidade é o exato oposto da guerra, que ela é, antes, o amor e a paz. Que coragem juvenil mesclar-se-á às batalhas sem partilhar a embriaguez sanguinária da luta e da vitória?...Ao partir, dizia ela que não queria servir-se de sua espada para matar ninguém. Mais tarde, fala com prazer da espada que empunhava em Compiègne: "Excelente", diz, "para estoquear e cortar".[95] Não é esse o indício de uma mudança? A santa tornava-se um capitão. O duque de Alençon diz que ela tinha uma singular aptidão para a arma moderna, a arma mortífera, a da artilharia. Chefe de soldados indisciplináveis, incessantemente aflita, ferida por suas desordens, Joana tornava-se rude e colérica, ao menos para repreendê-los.

Era impiedosa principalmente com as mulheres de má vida que eles arrastavam consigo. Um dia, desferiu um golpe com a espada de santa Catarina, apenas com o lado da espada, numa dessas infelizes. Mas a virginal espada, não suportando o contato, quebrou-se e nunca mais se deixou forjar de novo.[96] Pouco antes de ser aprisionada, ela própria capturara um partidário borguinhão, Franquet d'Arras, bandido execrado em todo o norte. O bailio real[97] reclamou-o para enforcá-lo. Ela o recusou de início, pensando trocá-lo; em seguida, decidiu entregá-lo à justiça.[98] Ele merecia 100 vezes a corda; no entanto, o fato de ter entregado um prisioneiro, consentido na morte de um homem, deve ter alterado, mesmo aos olhos dos seus, seu caráter de santidade. Triste condição dessa alma caída nas realidades deste mundo! Ela devia perder a cada dia algo de si. Não é impunemente que alguém se torna de repente rico, nobre, estimado, o igual dos senhores e dos príncipes. Esse belo traje, essas cartas de nobreza, essas graças concedidas pelo rei, tudo isso teria sem dúvida, com o passar do tempo, alterado sua simplicidade heróica. Joana conseguira para sua aldeia a isenção da talha, e o rei concedera a um de seus irmãos o prebostado de Vaucouleurs.

Mas o grande perigo para a santa era sua própria santidade, o respeito do povo, sua adoração. Em Lagny, rogaram-lhe que ressuscitasse uma criança. O conde de Armagnac escreveu-lhe para pedir que decidisse qual dos papas deviam seguir.[99] Se nos reportarmos à sua resposta (talvez falsificada), ela teria prometido decidir-se ao fim da guerra, confiando em suas vozes interiores para julgar a autoridade em questão.

Mas não se tratava de orgulho. Ela nunca se considerou santa; confessava amiúde que ignorava o porvir. Perguntaram-lhe às vésperas de uma batalha se o rei sairia vencedor; Joana respondeu que nada sabia a respeito. Em Bourges, quando algumas mulheres lhe rogavam que tocasse em cruzes e rosários, pôs-se a rir e disse à dama Marguerite, em cuja casa se hospedava: "Tocai-os vós mesmas; eles serão igualmente bons".[100] A singular originalidade dessa moça era, conforme dissemos, o bom senso na exaltação. Como se verá, foi isso também o que tornou seus juízes implacáveis. Os escolásticos, os arrazoadores que a odiavam como inspirada, foram ainda mais cruéis para com ela porque não puderam desprezá-la como louca e porque freqüentemente ela lhes fez calar os raciocínios ante uma razão mais elevada.

Não era difícil prever que ela pereceria. Ela própria suspeitava disso. Desde o começo, dissera: "Devo aplicar-me com ardor; só durarei um ano, ou pouco mais". Várias vezes, dirigindo-se ao seu capelão, frei Pasquerel, ela repetiu: "Se for preciso que eu morra em breve, dizei de minha parte ao rei, nosso senhor, que ele funde capelas onde se ore pela salvação dos que morrerem pela defesa do reino".[101] Quando seus pais tornaram a vê-la em Reims, perguntaram-lhe se não tinha medo de nada e ela respondeu: Nada temo, exceto a traição.[102] Muitas vezes, ao anoitecer, quando se encontrava no campo, se houvesse por lá alguma igreja, principalmente de monges mendicantes, ela entrava de bom grado e se misturava às *crian-ci-nhas* que estavam sendo preparadas para a comunhão. A crermos numa antiga crônica, no mesmo dia em que seria aprisionada ela foi comungar na igreja de Saint-Jacques de Compiègne; lá, apoiou-se tristemente a um dos pilares e disse à boa gente e às crianças ali presentes em grande número: "Meus bons amigos, minhas queridas crianças, digo-vos com segurança: um homem me vendeu; fui traída e logo serei entregue à morte. Rogai a Deus por mim, suplico-vos; pois já não poderei servir ao meu rei, nem ao nobre reino da França".

É provável que a Donzela tenha sido negociada, comprada, do mesmo modo que Soissons acabara de ser comprada. Os ingleses teriam dado todo o ouro do mundo num momento tão crítico, quando seu jovem rei desembarcava na França. Mas os borguinhões queriam tê-la, e a tiveram; era o interesse não apenas do duque, do partido borguinhão em geral, mas diretamente o de João de Ligny, que se apressou a comprar a prisioneira.

Que a Donzela tenha caído nas mãos de um nobre senhor da casa de Luxemburgo, de um vassalo do cavalheiresco duque de Borgonha,[103] do bom duque, como se dizia, era uma grande provação para a cavalaria da época. Prisioneira de guerra, moça, tão jovem, sobretudo virgem, entre leais cavaleiros, o que tinha a temer?[104] Só se falava de cavalaria, de proteção das senhoras e senhoritas aflitas; o marechal Boucicaut acabara de fundar uma ordem que não tinha outro objetivo. Por outro lado, a virgindade parecia ser uma salvaguarda inviolável, pois o culto da Virgem, sempre em progressão na Idade Média, convertera-se na religião dominante.

Para explicar o que se vai seguir, é preciso mostrar o singular desacordo que existia naquela época entre as idéias e os costumes; por mais chocante que possa ser o contraste, é preciso situar, com respeito ao ideal demasiado sublime, com respeito à *Imitação*, com respeito à Donzela, a abjeta realidade da época; faz-se necessário (perdoe-me a casta moça que constitui o tema deste relato) descer ao fundo desse universo de cobiça e concupiscência. Se não o conhecêssemos tal como foi, não poderíamos compreender como os cavaleiros entregaram aquela que parecia ser a cavalaria viva, como, sob esse reinado da Virgem, esta apareceu para ser tão cruelmente desconhecida.

A religião dessa época é menos a da Virgem que a da mulher; a cavalaria é a do pequeno Jehan de Saintré; somente o romance é mais casto que a história.

Os príncipes dão o exemplo. Carlos VII recebe Agnès na presença da mãe de sua mulher, da velha rainha da Sicília; mãe, mulher, amante, leva-as consigo ao longo de todo o Loire, em doce harmonia.

Os ingleses, mais sérios, só querem amor no casamento; Glocester desposa Jacqueline; entre as damas de honra de Jacqueline, ele percebe uma delas, bela e espirituosa, e também a desposa.[105]

Mas a França, mas a Inglaterra, nisso como em tudo, dobram-se de muito a Flandres,[106] ao conde de Flandres, ao grande duque de Borgonha. A expressiva legenda dos Países Baixos é a da famosa condessa que trouxe ao mundo 365 filhos. Os príncipes do país, sem chegar a tanto, parecem ao menos tentar aproximar-se disso. Um conde de Clèves tem 73 bastardos. João de Borgonha, bispo de Cambrai, oficia pontificalmente com seus 36 bastardos e filhos de bastardos que lhe servem no altar.

Filipe, o Bom, teve apenas 16,[107] mas não menos de 27 mulheres, três legítimas e 24 amantes. Nesses tristes anos de 1429 e 1430, durante a tragédia da Donzela, ele estava totalmente entregue ao alegre negócio de seu terceiro matrimônio. Dessa vez, desposava uma infanta de Portugal, inglesa pelo lado materno, Filipa de Lancastre.[108] Por outra parte, de nada adiantou os ingleses lhe terem dado o comando de Paris,[109] pois não puderam retê-lo; ele tinha pressa em deixar esse país de fome, retornar a Flandres e lá recepcionar sua jovem desposada. As atas, as cerimônias, as festas, celebradas, interrompidas, retornadas, ocuparam meses inteiros. Em Bruges, sobretudo, houve galas inauditas, fabulosos regozijos, prodigalidades insensatas, suficientes para arruinar todos os senhores; e os burgueses os eclipsavam. As 17 nações que tinham suas feitorias em Bruges exibiram as riquezas do mundo. As ruas estavam ornadas com belos e magníficos tapetes de Flandres. Durante oito dias e oito noites os melhores vinhos correram em abundância; um leão de pedra vertia o vinho do Reno; um cervo, o de Beaune; um licorne lançava água de rosas e malvasia.[110]

Entretanto, o esplendor da festa flamenga eram as flamengas, as triunfantes belezas de Bruges, tal como Rubens as pintou em sua Madalena na *Descida da Cruz*. A portuguesa não deve ter ficado contente ao ver suas novas súditas. Já a espanhola Joana de Navarra ficara com despeito ao vê-las e disse a contragosto: "Aqui só vejo rainhas".

No dia de seu casamento (10 de janeiro de 1430), Filipe, o Bom, instituiu a ordem do Tosão de Ouro,[111] "conquistado por Jasão", e adotou a conjugal e tranqüilizadora divisa: "Outra não terei". A nova esposa confiou nisso? É duvidoso. Esse tosão de Jasão, ou de Gedeão[112] (como a Igreja apressou-se em batizá-lo), era, em todo o caso, o tosão de *ouro*; lembrava essas ondas douradas, essas cascateantes cabeleiras de ouro que Van Eyck, o grande pintor de Filipe, o Bom,[113] lança ternamente sobre os ombros de suas santas. Todos viram na nova ordem o triunfo da beleza loura, da beleza jovem e florescente do norte, a despeito das belezas trigueiras do sul. Dir-se-ia que o príncipe flamengo, consolando as flamengas, dirigia-lhes estas palavras de duplo sentido: "Outra não terei".

Sob essas formas cavalheirescas canhestramente imitadas dos romances, a história de Flandres, nessa época, é como uma impetuosa quermesse, alegre e brutal. A pretexto de torneios, passos de armas, banquete da Távola Redonda, só há galantarias, amores fáceis e vulgares, intermináveis festins.[114] A verdadeira divisa da época é aquela que o *sire* de Ternant ousou adotar nas justas de Arras: "Que eu tenha de meus desejos a saciedade, e nunca outro bem!"

O que podia surpreender é que, entre as festas desbragadas e as magnificências ruinosas, os negócios do conde de Flandres pareciam ir ainda melhor. Por mais que presenteasse, perdesse, jogasse, amealhava cada vez mais. Crescia e engordava com a ruína geral. Só houve obstáculo na Holanda; mas adquiriu sem grande dificuldade as posições dominantes do Soma e do Mosa, Namur e Péronne. Os ingleses colocaram em suas mãos, além de Péronne, Bar-sur-Seine, Auxerre, Meaux, as avenidas de Paris, enfim, a própria Paris.

De sucesso em sucesso, a fortuna ia cumulando-o e sobrecarregando-o. Não lhe dava tempo de respirar. Fez cair em poder de um de seus vassalos a Donzela, esse precioso penhor que os ingleses teriam comprado a qualquer preço. Nesse mesmo momento, ao complicar-se sua situação por uma nova felicidade, abriu-se a sucessão do Brabante, mas ele não podia assegurá-la se não garantisse a amizade dos ingleses.

O duque de Brabante falava em tornar a casar, ter herdeiros. Morreu no momento oportuno para o duque de Borgonha.[115] Este possuía quase tudo o que cerca o Brabante, quero dizer, Flandres, Hainaut, Holanda, Namur e Luxemburgo. Faltava-lhe a província central, a rica Lovaina (Leuven), a dominante Bruxelas. A tentação era grande. Assim, não deu nenhuma atenção aos direitos de sua tia,[116] da qual, contudo, provêm os seus; imolou inclusive os direitos de seus pupilos, sua própria honra, sua probidade de tutor.[117] Apoderou-se do Brabante. Para conservá-lo, para concluir os assuntos entre Holanda e Luxemburgo, para rechaçar os liegenses que vinham sitiar Namur, era preciso ficar em bons termos com os ingleses, isto é, entregar a Donzela.

Filipe, o Bom, era um bom homem segundo as idéias vulgares, terno de coração, principalmente com relação às mulheres, bom filho, bom pai. Chorava com facilidade. Chorou os mortos de Azincourt; mas sua aliança com os ingleses causou mais mortes que Azincourt. Verteu torrentes de lágrimas na morte de seu pai; depois, para vingá-lo, torrentes de sangue. Sensibilidade e sensualidade: essas duas coisas costumam caminhar juntas. Mas a sensualidade, a concupiscência, não são menos cruéis nesse caso. Que o objeto desejado recue, que a concupiscência veja-o fugir e furtar-se a suas investidas, e ei-lo que se transforma em fúria cega...Ai daquele que lhe opõe obstáculo!...De bom grado a escola de Rubens, em suas bacanais pagãs, mescla tigres aos sátiros: "Lust hard by hate".[118]

Aquele que detinha a Donzela em mãos, João de Ligny, vassalo do duque de Borgonha, encontrava-se na mesma situação que seu suserano. Estava, como ele, num momento de cupidez, de extrema tentação. Pertencia à gloriosa casa de Luxemburgo; a honra de ser parente do imperador Henrique VII e do rei João da Boêmia bem valia que o tratassem com consideração; mas João de Ligny era pobre; era filho caçula de um caçula.[119] Tivera a habilidade de fazer-se nomear herdeiro único por sua tia, a rica senhora de Ligny e de Saint-Pol.[120] Essa doação, muito expugnável, seria disputada por seu irmão primogênito. Enquanto aguardava, João era o dócil e estremecido servidor do duque de Borgonha, dos ingleses, de todo mundo. Os ingleses pressionavam-no para entregar-lhes a prisioneira, e poderiam muito bem apanhá-la na torre de Beaulieu, na Picardia, onde ela se encontrava encerrada. Por outro lado, se permitisse que ela fosse apanhada, ele se perderia junto ao duque de Borgonha, seu soberano, seu juiz no caso da sucessão, e que, conseqüentemente, podia arruiná-lo com uma única palavra. Enviou-a provisoriamente para o seu castelo de Beaurevoir, perto de Cambrai, em terras do Império.

Exasperados de ódio e humilhação, os ingleses pressionavam, ameaçavam. Sua raiva contra a Donzela era tal que uma mulher foi queimada viva por ter falado bem dela.[121] Se a própria Donzela não era julgada e queimada como bruxa, se suas vitórias não eram atribuídas ao demônio, elas continuavam sendo milagres aos olhos do povo, obras de Deus; então Deus estava contra os ingleses, pois estes foram bem e lealmente derrotados; portanto, sua causa era a do diabo; na crença da época, não havia meio-termo. Essa conclusão, intolerável para o orgulho inglês, era-o muito mais ainda para um governo de bispos como o da Inglaterra, para o cardeal que dirigia tudo.

Winchester assumira o controle das coisas num estado quase desesperador. Com Glocester anulado na Inglaterra e Bedford na França, ele se encontrava só. Pensara decidir tudo levando o jovem rei a Calais (23 de abril), mas os ingleses não se moviam. Tentara aguilhoá-los na honra ao lançar uma ordenação "contra aqueles que têm medo das feitiçarias da Donzela".[122] Isso não surtiu efeito. O rei permanecia em Calais, como um barco encalhado. Winchester tornava-se eminentemente ridículo. Após ter reduzido a cruzada da Terra Santa[123] à da Boêmia, limitou-

-se à cruzada de Paris. O belicoso prelado, que se gabava de oficiar como vencedor em Notre-Dame e sagrar ali o seu pupilo, encontrava todos os caminhos fechados; de Compiègne, o inimigo barrava-lhe a estrada da Picardia, de Louviers, da Normandia. Entrementes a guerra se arrastava, o dinheiro esgotava-se,[124] a cruzada enfumaçava-se. Dir-se-ia que o diabo imiscuía-se nisso; o cardeal só podia escapar dessa situação fazendo um processo ao maligno, queimando essa diabólica Donzela.

Era preciso apanhá-la, tirá-la das mãos dos borguinhões. Ela fora capturada em 23 de maio; no dia 26, parte de Ruão uma mensagem, em nome do vigário da Inquisição, intimando o duque de Borgonha e João de Ligny a entregar essa mulher suspeita de bruxaria. A Inquisição não tinha grande força na França; seu vigário era um pobre monge, muito medroso, um dominicano, sem dúvida, como os outros mendicantes, favorável à Donzela. Mas em Ruão ele se encontrava sob o terror do todo-poderoso cardeal, que lhe mantinha a espada às costas. O cardeal acabara de nomear capitão de Ruão um homem de sua confiança, lorde Warwick, preceptor de Henrique.[125] Warwick tinha duas incumbências, com certeza muito diversas, mas ambas de alta confiança: a guarda do rei e a da inimiga do rei; a educação de um, a vigilância do processo da outra.

A carta do monge era um documento de pouco peso; fez-se com que a universidade escrevesse ao mesmo tempo. Parecia difícil que os universitários ajudassem de bom grado um processo de inquisição papal, no momento em que iam combater em Basiléia contra o papa e pelo episcopado. O próprio Winchester, chefe do episcopado inglês, devia preferir um julgamento de bispos, ou, se pudesse, fazer agir conjuntamente bispos e inquisidores. Ora, ele tinha justamente, em seu séquito e entre sua gente, um bispo muito apropriado para a circunstância, um bispo mendicante que vivia à sua mesa e que decerto julgaria ou juraria sempre que disso houvesse necessidade.

Pedro Cauchon, bispo de Beauvais, não era homem sem mérito. Nascido em Reims,[126] próximo da região de Gerson, era um doutor muito influente da universidade, amigo de Clémengis, que nos assegura ser ele "bom e generoso".[127]

Essa bondade não o impediu de ser um dos mais violentos no violento partido cabochiano. Como tal, foi expulso de Paris em 1413. Aliou-se ao duque de Borgonha, tornou-se bispo de Beauvais e, sob o domínio inglês, foi eleito pela universidade conservador de seus privilégios. Mas a invasão da França do norte por Carlos VII, em 1429, foi funesta para Cauchon; quis conservar Beauvais para o partido inglês e foi expulso pelos habitantes. Não se divertiu em Paris, perto do triste Bedford, que não podia pagar-lhe o zelo; foi para o lugar onde estavam a riqueza e o poder – para a Inglaterra, para junto do cardeal Winchester. Fez-se inglês, falou inglês. Winchester percebeu o partido que podia tirar de tal homem; ligou-se a esse homem fazendo por ele tanto ou mais do que ele poderia esperar. O arcebispo de Ruão acabava de ser transferido para outro lugar; recomendou-o ao papa para essa grande sé. Mas nem o papa nem o capítulo queriam Cauchon; Ruão, então em guerra com a universidade de Paris, não podia tomar como arcebispo um homem dessa universidade. Tudo foi suspenso; Cauchon, diante dessa magnífica presa, permaneceu na expectativa, sempre esperando que o invencível cardeal superasse os obstáculos, cheio de devoção por ele e não tendo outro deus.

Era bem oportuno que a Donzela tivesse sido aprisionada nos limites da diocese de Cauchon, não na própria diocese, é verdade, mas esperava-se fazer crer que era assim. Cauchon escreveu portanto, como juiz ordinário, ao rei da Inglaterra para reivindicar esse processo; e, em 12 de junho, uma carta real fez saber à universidade que o bispo e o inquisidor julgariam juntos e em comum acordo. Os autos da Inquisição não eram os mesmos que os dos tribunais ordinários da Igreja. Entretanto, não houve nenhuma objeção. Como as duas justiças desejavam agir em conivência, restava uma única dificuldade: a acusada continuava nas mãos dos borguinhões.

A universidade mostrou serviço; escreveu novamente ao duque de Borgonha, a João de Ligny (14 de julho). Em seu zelo, Cauchon, fazendo-se o agente dos ingleses, seu mensageiro, encarregou-se de levar pessoalmente a carta[128] e entregou-a aos dois duques. Ao mesmo tempo, fez-lhes uma intimação como bispo para que lhe entregassem uma prisioneira sobre quem ele tinha jurisdição. Nesse ato estranho, passa do papel de juiz ao de negociador e faz ofertas de dinheiro; ainda que essa mulher não possa ser considerada como prisioneira de guerra, o rei da Inglaterra dará 200 ou 300 libras de renda ao bastardo de Vendôme, e àqueles que a retêm a soma de 6000 libras. Depois, no final da carta, chega aos 10000 francos, mas faz valer esta oferta: "Tanto", diz, "quanto se daria por um rei ou príncipe, segundo o costume de França".

Os ingleses não confiavam muito nas gestões da universidade e de Cauchon, e por isso empregavam meios mais enérgicos. No próprio dia em que Cauchon apresentou sua intimação, ou no dia seguinte, o conselho da Inglaterra proibiu aos mercadores ingleses os mercados dos Países Baixos (19 de julho), especialmente o de Antuérpia, proibindo-os de comprar ali os tecidos e os outros objetos pelos quais trocariam sua lã.[129] Isso era golpear o duque de Borgonha, conde de Flandres, num ponto bem sensível, as duas grandes indústrias flamengas, o pano e a lã; os ingleses deixariam de comprar um e cessariam de fornecer a matéria-prima do outro.

Enquanto os ingleses agiam vivamente para destruir a Donzela, Carlos VII agia para salvá-la? De modo algum, segundo parece,[130] apesar de ter prisioneiros em suas mãos; podia protegê-la com ameaças de represálias. Havia pouco ainda, negociara ele por intermédio de seu chanceler, o arcebispo de Reims; mas esse arcebispo e os demais políticos nunca tinham sido muito favoráveis à Donzela. O partido de Anjou-Lorena, a velha rainha da Sicília que tão bem a acolhera, não podia nesse momento agir em seu favor junto ao duque de Borgonha. O duque de Lorena estava para morrer,[131] disputava-se de antemão sua sucessão, e Filipe, o Bom, apoiava um competidor de Renato de Anjou, genro e herdeiro do duque de Lorena.

Assim, em toda parte esse mundo de interesse e cobiça era contrário à Donzela ou, pelo menos, indiferente. O bom Carlos VII nada fez por ela, o bom duque Filipe entregou-a. A casa de Anjou queria a Lorena, o duque de Borgonha, o Brabante; ele queria principalmente a continuação do comércio flamengo com a Inglaterra. Os pequenos também tinham seus interesses: João de Ligny aguardava a sucessão de Saint-Pol, Cauchon o arcebispado de Ruão.

Em vão a mulher de João de Ligny prosternou-se a seus pés, suplicando-lhe que não se desonrasse. Ele não era livre, pois já havia recebido dinheiro inglês;[132] entregou-a, não aos ingleses diretamente, é verdade, mas ao duque de Borgonha. Essa família de Ligny e de Saint-

-Pol, com suas memórias de grandeza e suas ambições desenfreadas, devia perseguir a fortuna até o fim, até Grève.[133] Aquele que entregou a Donzela parece ter sentido sua miséria; mandou pintar sobre suas armas um camelo sucumbindo sob seu fardo, com a triste divisa desconhecida dos homens de coração: "Ninguém é obrigado a fazer o impossível".

Que fazia, contudo, a prisioneira? Seu corpo estava em Beaurevoir, sua alma em Compiègne; combatia de corpo e alma pelo rei que a abandonava. Sentia que sem ela essa fiel cidade de Compiègne pereceria ao mesmo tempo que a causa do rei em todo o norte. Já tentara escapar da torre de Beaulieu. Em Beaurevoir, a tentação de fugir foi ainda mais forte; sabia que os ingleses pediam que lhes fosse entregue, e tinha horror de cair entre suas mãos. Consultava suas santas e delas não obtinha outra resposta senão "que era preciso sofrer, que não seria libertada antes de ter visto o rei dos ingleses". "Mas", dizia de si para si, "Deus deixará morrer essa pobre gente de Compiègne?"[134] Sob essa forma de viva compaixão, venceu a tentação. De nada adiantou o que as santas lhe falaram; pela primeira vez não as escutou; lançou-se da torre e caiu em sua base, quase morta. Reerguida, tratada pelas damas de Ligny, queria morrer e ficou dois dias sem comer.

Entregue ao duque de Borgonha, foi conduzida a Arras e depois ao torreão de Crotoy que, depois, desapareceria sob a areia. De lá, via o mar e, às vezes, distinguia as dunas inglesas, a terra inimiga aonde esperara levar a guerra e libertar o duque de Orléans.[135] Todos os dias um padre prisioneiro celebrava a missa na torre. Joana orava com ardor; pedia e recebia. Apesar de achar-se prisioneira, não deixava de agir; enquanto vivesse, sua oração atravessaria os muros e dissiparia o inimigo.

No próprio dia por ela previsto, segundo uma revelação do arcanjo, em 1° de novembro, Compiègne foi libertada. O duque de Borgonha tinha avançado até Noyon, como para receber o ultraje mais de perto e em pessoa. Foi novamente derrotado pouco depois, em Germiny (20 de novembro). Em Péronne, Xaintrailles propôs-lhe batalha, mas ele não ousou aceitá-la.

Essas humilhações confirmaram sem dúvida o duque na aliança dos ingleses e o decidiram a entregar-lhes a Donzela. Mas teria bastado a ameaça de interromper o comércio para que tomasse essa decisão. O conde de Flandres, por mais que se acreditasse cavaleiro e restaurador da cavalaria, era, no fundo, o servidor dos artesãos e mercadores. As cidades que fabricavam a lã, os campos que teciam o linho, não teriam suportado por muito tempo a interrupção do comércio e o desemprego; uma revolta teria eclodido.

No momento em que os ingleses puseram enfim as mãos na Donzela e puderam começar o processo, seus negócios encontravam-se bem enfraquecidos. Longe de retornar Louviers, tinham perdido Châteaugaillard; La Hire, que a conquistou por escalada, lá encontrou Barbazan prisioneiro e soltou o temível capitão. As cidades passavam voluntariamente para o lado de Carlos VII; os burgueses expulsavam os ingleses. Os de Melun, tão perto de Paris, expulsaram sua guarnição.

Para frear, se possível fosse, este tão rápido declínio nos negócios ingleses, era necessária uma grande e poderosa máquina. Winchester tinha uma ao seu dispor: o processo e a sagração. Essas duas coisas deviam agir em conjunto, ou melhor, eram a mesma coisa: desonrar Carlos VII, provar que ele fora conduzido à sagração por uma feiticeira; significava igualmente santificar a sagração de Henrique VI; se um era reconhecido como ungido do diabo, o outro se tornava o ungido de Deus.

Henrique entrou em Paris no dia 2 de dezembro.[136] Já em 21 de novembro se pedira à universidade que escrevesse a Cauchon para acusá-lo de lentidão e rogar ao rei que começasse o processo. Cauchon não tinha pressa, parecia-lhe difícil, segundo parece, encetar a tarefa, quando o salário ainda era incerto. Só um mês depois é que ele obteve do capítulo de Ruão a autorização para instaurar processo nessa diocese.[137] Imediatamente (3 de janeiro de 1431), Winchester emitiu uma ordenança pela qual dizia que o rei, a pedido do bispo de Beauvais e exortado por sua querida filha da Universidade de Paris, ordenava aos guardas que conduzissem a acusada até o bispo.[138] Dizia-se conduzir: não se entregava a prisioneira ao juiz eclesiástico, apenas a emprestavam, salvo para retorná-la se ela não se deixasse convencer. Os ingleses nada arriscavam, ela não podia escapar à morte; se falhasse o fogo, restava o ferro.

No dia 9 de janeiro de 1431, Cauchon abriu o processo inquisitório em Ruão. Fez tomar assento próximo dele o vigário da Inquisição e começou por fazer um tipo de consulta com oito doutores licenciados ou mestres em artes de Ruão. Mostrou-lhes as informações que havia recolhido a respeito da Donzela. Essas informações, reunidas de antemão pelo zelo dos inimigos da acusada, não pareceram suficientes aos legistas ruaneses; com efeito, eram tão parcas que o processo, inicialmente definido, segundo esses dados insignificantes, como *processo de magia*, tornou-se um *processo de heresia*.

Cauchon, para conquistar esses normandos recalcitrantes, para torná-los menos supersticiosos quanto à forma das instruções, nomeou um deles, João de La Fontaine, conselheiro examinador. Todavia, reservou o papel mais ativo, o de promotor do processo, a um certo Estivet, um desses cônegos de Beauvais, que o acompanhara. Encontrou jeito de perder um mês nesses preparativos;[139] mas, enfim, tendo o jovem rei sido reconduzido a Londres (9 de fevereiro), Winchester, tranqüilizado quanto a isso, volta resolutamente ao processo. Não confiou em ninguém para vigiar a condução do processo e pensou, com razão, que o olho do dono é que enxerga melhor, estabelecendo-se em Ruão para ver Cauchon instruir o processo.

A primeira coisa era controlar o monge que representava a Inquisição. Cauchon, tendo reunido seus assessores, padres normandos e doutores de Paris, na casa de um cônego, convocou o dominicano e o intimou a juntar-se a ele. O jovem monge respondeu timidamente que "se seus poderes eram julgados suficientes, ele faria o que deveria fazer". O bispo não deixou de declarar os poderes suficientes. Então, o monge objetou ainda "que gostaria de abster-se, tanto por escrúpulo de consciência como pela segurança do processo"; que o bispo deveria substituí-lo até que estivesse bem seguro de que seus poderes bastariam.

Por mais que dissesse, não pôde escapar: julgou de bom ou mau grado. O que, sem dúvida, após o medo, ajudou a retê-lo foi que Winchester lhe fez conceder 20 soldos de ouro por seu empenho.[140] O monge mendicante talvez nunca tivesse visto tanto ouro em sua vida.

Em 21 de fevereiro, a Donzela foi conduzida perante seus juízes. O bispo de Beauvais admoestou-a com "brandura e caridade", rogando-lhe que dissesse a verdade sobre quanto lhe fosse perguntado, para abreviar o processo e aliviar sua consciência, sem buscar subterfúgios. Resposta: "Não sei sobre que desejais me interrogar; podereis perguntar-me sobre coisas tais que nada vos direi". Ela concordava em jurar dizer a verdade sobre tudo o que não se referisse a suas visões. "Mas se tratando deste último ponto", disse, "cortar-me-íeis antes a cabeça". Todavia, conseguiram que jurasse responder "o que dissesse respeito à fé".

Novas instâncias no dia seguinte, 22 de fevereiro, e ainda no dia 24. Ela continuava resistindo: "As criancinhas dizem *que se costuma enforcar as pessoas por terem dito a verdade*". Renunciando a resistir, ela acaba por consentir em jurar "dizer o que soubesse *sobre seu processo*, mas não tudo o que soubesse".[141]

Interrogada sobre a sua idade, seu nome e cognome, disse que tinha aproximadamente 19 anos. "No lugar onde nasci, chamavam-me Jehannette e na França Jehanne..." Mas quanto ao cognome (a Donzela), parece que, por um capricho de modéstia feminina, teve dificuldade em dizê-lo; esquivou-se por uma mentira pudica: "Quanto ao apelido, nada sei".

Queixava-se de ter grilhões nas pernas. O bispo diz-lhe que, visto que ela tinha tentado fugir várias vezes, tiveram de colocar-lhe os grilhões. "É verdade", diz ela, "eu fiz isso; é uma coisa lícita a todo prisioneiro. Se eu pudesse fugir, não poderiam acusar-me de ter faltado à minha palavra, pois não prometi nada".

Ordenaram-lhe que dissesse o *Pai Nosso* e a *Ave Maria*, talvez com a idéia supersticiosa de que, se estivesse devotada ao diabo, não pudesse proferir essas orações. "Eu as proferirei de bom grado se monsenhor de Beauvais quiser ouvir-me em confissão". Hábil e tocante solicitação;

oferecendo, assim, sua confiança ao seu juiz, ao seu inimigo, teria feito dele seu pai espiritual e testemunha de sua inocência.

Cauchon recusou, mas eu acreditaria facilmente que ficou emocionado. Suspendeu a sessão por esse dia, e no seguinte não a interrogou pessoalmente; encarregou dessa tarefa um de seus assessores.

Na quarta sessão, ela se encontrava animada de uma singular vivacidade. Não negou em absoluto que tinha ouvido suas vozes: "Elas me acordaram", disse, "juntei as mãos e roguei-lhes que me aconselhassem; elas me disseram: 'Pede a Nosso Senhor'. – E o que mais elas disseram? – Que eu vos responda corajosamente".

"...Não posso dizer tudo, tenho mais medo de dizer algo que lhes desagrade que de deixar de responder-vos ...Por hoje, rogo-vos que não me interrogueis."

Vendo-a emocionada, o bispo insistiu. "Mas Jehanne, desagrada-se então a Deus dizendo coisas verdadeiras? – Minhas vozes disseram-me certas coisas, não para vós, mas para o rei". E acrescentou vivamente: "Ah! se ele soubesse disso, estaria mais à vontade ao jantar...Eu gostaria que ele soubesse, e que não bebesse vinho daqui até a Páscoa".

Entre essas frases ingênuas, dizia coisas sublimes: "Venho da parte de Deus; nada tenho a fazer aqui, enviai-me de volta a Deus, do qual eu vim..."

"Dizeis que sois o meu juiz; refleti bem no que fareis, pois sou de fato enviada de Deus; incorreis em grande perigo."

Essas palavras sem dúvida irritaram os juízes, e estes dirigiram-lhe uma insidiosa e pérfida pergunta, um tipo de pergunta que não se pode dirigir a um homem vivo sem crime: "Jehanne, acreditais estar em estado de graça?"

Pensavam tê-la atado com um laço indissolúvel. Dizer não era confessar-se indigna de ter sido o instrumento de Deus. Por outro lado, como dizer sim? Quem de nós, frágeis criaturas, está seguro, aqui em baixo, de estar verdadeiramente na graça de Deus? Ninguém, salvo o orgulhoso, o presunçoso, justamente aquele que dentre todos é o que está mais distante dessa mesma graça.

Ela desfez o laço com uma simplicidade heróica e cristã: "Se não estou em estado de graça, queira Deus colocar-me nele; se estou, queira Deus conservar-me nesse estado".[142]

Os fariseus ficaram estupefatos.[143]

Mas com todo o seu heroísmo era ela, não obstante, uma mulher... Depois dessas palavras sublimes ela recaiu em si, enterneceu-se, duvidando de seu estado, como é natural a uma alma cristã, interrogando-se e procurando tranqüilizar-se: "Ah! Se soubesse que não estou na graça de Deus eu seria a pessoa mais dolente do mundo... Mas se estivesse em pecado, sem dúvida alguma a voz não se manifestaria... Gostaria que todos pudessem ouvi-la como eu a ouço..."

Essas palavras paralisaram os juízes. Após uma longa pausa, voltaram à carga com ódio redobrado, fazendo-lhe sem interrupção as perguntas que podiam pô-la a perder. As vozes não lhe tinham dito para *odiar* os borguinhões?... Não ia Joana, em sua infância, à árvore *das fadas*? Já desejariam queimá-la como feiticeira.

Na quinta sessão, atacaram-na por um lado delicado, perigoso, o das aparições.

O bispo, tornado repentinamente compassivo, melífluo, mandou que lhe fizessem esta pergunta: "Jehanne, como passastes desde sábado?" – Conforme podeis ver – diz a pobre prisioneira acorrentada –, o melhor que pude.

"Jehanne, jejuastes todos os dias desta Quaresma? – Isso faz parte do processo? – Sim, com certeza. – Pois bem, sim, jejuei todos os dias."

Interrogaram-na, então, sobre as visões, sobre um sinal que teria aparecido ao delfim, sobre santa Catarina e são Miguel. Entre outras perguntas hostis e inconvenientes, perguntaram-lhe se, quando lhe aparecia, são Miguel *estava nu*?... A esta pergunta indecorosa ela replicou, sem compreender, com uma pureza celestial:

– Acreditais porventura que Nosso Senhor não tem com que vesti-lo?[144]

Em 3 de março, outras perguntas bizarras, para fazer-lhe confessar alguma feitiçaria, alguma ligação funesta com o diabo. "Esse são Miguel, essas santas possuem um corpo, membros? Essas figuras são anjos? – Sim, creio tão firmemente nisso como creio em Deus." Esta resposta foi cuidadosamente anotada.

Passa-se então à veste masculina, ao estandarte: "Não faziam os soldados estandartes semelhantes ao vosso? Não os renovavam? – Sim, quando a lança se quebrava. – Não dissestes que esses estandartes lhes trariam felicidade? – Não, eu apenas dizia: 'Entrai corajosamente por entre os ingleses', e eu mesma entrava no meio deles".

"Mas por que esse estandarte foi conduzido à igreja de Reims, à sagração, em vez dos estandartes dos outros capitães? – Ele estivera na tormenta, era uma razão suficiente para estar em posição de honra."[145]

"Qual era o pensamento das pessoas que vos beijavam os pés, as mãos e as vestes? – Os pobres vinham a mim de bom grado porque eu não lhes causava nenhum desgosto; apoiava-os e defendia-os segundo o meu poder."[146]

Nenhum coração humano deixaria de comover-se com tais respostas. Cauchon pensou ser prudente proceder doravante com alguns homens de confiança e em surdina. Desde o começo do processo, verifica-se que o número dos assessores varia em cada sessão;[147] alguns se vão, outros os substituem. O local dos interrogatórios varia igualmente; a acusada, interrogada de início no salão do castelo de Ruão, é-o agora na prisão. Cauchon, "para não fatigar os outros", levava consigo apenas dois assessores e duas testemunhas (de 10 a 17 de março). O que talvez o encorajou a proceder a portas fechadas foi que doravante estava seguro do apoio da Inquisição; o vigário enfim recebera do inquisidor-geral da França a autorização para julgar com o bispo (12 de março).

Nesses novos interrogatórios, insiste-se apenas em alguns pontos indicados de antemão por Cauchon.

"As vozes ordenaram-lhe que saísse de Compiègne, onde foi aprisionada?" Ela não responde diretamente: "As santas disseram-me que eu seria aprisionada no dia de são João; que era preciso que assim fosse; que eu não deveria surpreender-me, mas aceitar tudo de bom grado, e que Deus me ajudaria...Pois assim aprouve a Deus, foi para o bem que fui feita prisioneira."

"Acreditais ter agido corretamente ao partir sem a permissão de vossos pais? Não se deve honrar pai e mãe? – Eles me perdoaram. – Pensastes, pois, não pecar ao agir assim? – Deus ordenava-o; mesmo se tivesse 100 pais e 100 mães eu partiria."[148]

"As vozes não vos chamaram de filha de Deus, filha da Igreja, a filha de bom coração? – Antes que se levantasse o cerco de Orléans, e desde esse momento, as vozes me chamaram e me chamam todos os dias: 'Jehanne, a Donzela, filha de Deus.'"

"Foi correto atacar Paris no dia da Natividade de Nossa Senhora? – É certo guardar as festas de Nossa Senhora; em verdade, seria bom guardá-las todos os dias."

"Por que saltastes da torre de Beaurevoir? (teriam desejado que ela dissesse que quis matar-se). – Eu ouvia dizer que todos os pobres de Compiègne seriam mortos, até as crianças de sete anos, e aliás eu sabia que tinha sido vendida aos ingleses; preferia morrer a ficar nas mãos dos ingleses."[149]

"Santa Catarina e santa Margarida odeiam os ingleses? – Elas amam o que Nosso Senhor ama e odeiam o que ele odeia. – Deus odeia os ingleses? – Do amor ou ódio que Deus tem pelos ingleses e do que faz de suas almas, nada sei; mas sei que serão expulsos da França, exceto os que nela perecerem."[150]

"Não é pecado mortal pedir resgate por um homem e em seguida mandar matá-lo? – Não fiz isso." – Franquet d'Arras não foi executado? – Concordei com isso por não poder trocá-lo por um de meus homens; ele confessou ser um bandido e um traidor. Seu processo durou 15 dias no bailiado de Senlis. – Vós não destes dinheiro àquele que aprisionou Franquet? – Não sou tesoureiro da França para dar dinheiro.[151]

"Credes que vosso rei agiu bem ao matar ou mandar matar monsenhor de Borgonha? – Foi uma grande lástima para o reino da França. Mas o que quer que tenha acontecido entre eles, Deus enviou-me em socorro do rei da França."[152]

"Jehanne, sabeis por revelação se escapareis? – Isso não diz respeito a vosso processo. Quereis que eu fale contra mim? – As vozes nada vos disseram sobre isso? – Isto não interessa ao vosso processo; confio-me a Nosso Senhor, que fará segundo a Sua vontade..." E depois de um silêncio: "Por Deus, não sei nem a hora, nem o dia. Seja feita a vontade de Deus! – Vossas vozes nada disseram sobre isso, em geral? – Pois bem, sim, elas me disseram que eu seria salva, que eu seja alegre e corajosa."[153]

Outro dia acrescentou: "As santas me dizem que serei salva com grande vitória; e ainda me dizem: Aceita tudo de bom grado; não te preocupes com teu martírio; enfim, chegarás ao reino do paraíso.[154] – E desde que disseram isso continuais certa de ser salva e não ir para o inferno? – Sim, creio com toda a firmeza no que elas me falaram como se eu já tivesse sido salva. – Esta resposta é de grande importância. – Sim, é para mim um grande tesouro. – Assim, pensais que não podeis cometer mais pecado mortal? – Nada sei sobre isso; confio-me em tudo a Nosso Senhor".

Os juízes tinham, enfim, chegado ao verdadeiro terreno da acusação; haviam encontrado uma grande presa. Era preciso renunciar a fazer passar por feiticeira, por servidora do diabo, essa casta e santa moça, pois ela era insuspeita. Todavia, nessa própria santidade, como na de todos os místicos, havia um lado expugnável: a voz secreta, igualada ou preferida aos ensinamentos da Igreja, às prescrições da autoridade, à inspiração, livre porém, à revelação, mas pessoal, à submissão a Deus; qual Deus? O Deus interior.

Terminaram os primeiros interrogatórios perguntando-lhe se ela queria submeter-se por todos os seus ditos e fatos à determinação da Igreja. Ao que ela respondeu: "Amo a Igreja e gostaria de apoiá-la com todo o meu poder. Quanto às boas obras que fiz, devo confiar-me ao Rei do céu, que me enviou".[155]

Tendo a pergunta sido repetida, ela não deu outra resposta, acrescentando: "Nosso Senhor e a Igreja são uma só coisa".

Disseram-lhe então que era preciso distinguir, que existia a Igreja *triunfante*, Deus, os santos, as almas salvas, e a igreja *militante*, ou seja, o papa, os cardeais, o clero, os bons cristãos, cuja Igreja "bem reunida" não pode errar e é governada pelo Espírito Santo. – "Não quereis submeter-vos à Igreja *militante*? – Vim ao encontro do rei da França enviada por Deus, pela Virgem Maria, pelos santos e pela Igreja *vitoriosa* das alturas; submeto-me a essa Igreja, eu, minhas obras, o que fiz ou farei. – E à Igreja *militante*? – Agora não responderei a mais nada."

A crer num dos assessores, ela teria dito que, em certos pontos, não acreditava nem no bispo, nem no papa, em ninguém; que tudo quanto tinha vinha de Deus.[156]

A questão do processo viu-se assim colocada em sua simplicidade, em sua grandeza; abriu-se o verdadeiro debate: de um lado, a Igreja visível e a autoridade; de outro, a inspiração atestando a Igreja invisível...Invisível para os olhos vulgares, mas a piedosa moça a via claramente, contemplava-a incessantemente e a ouvia em si mesma, trazia em seu coração essas santas e esses anjos...Aí se encontrava a Igreja para ela, aí resplandecia Deus; quão obscuro era ele em qualquer outra parte!...

Tal era o debate, não havia remédio; a acusada deveria perder-se. Ela não podia ceder, não podia, sem mentir, retratar-se, negar o que via e ouvia com tanta nitidez. Por outro lado, a autoridade continuaria sendo uma autoridade se abdicasse de sua jurisdição, se não punisse? A Igreja militante é uma Igreja armada, armada com o gládio de dois gumes. Contra quem? Aparentemente contra os indóceis.

Terrível era essa Igreja na pessoa dos arrazoadores,

dos escolásticos, dos inimigos da inspiração; terrível e implacável, se fosse representada pelo bispo de Beauvais. Mas acima do bispo não havia outros juízes? O partido episcopal e universitário, que pregava a supremacia dos concílios, podia, nesse caso particular, deixar de reconhecer como juiz supremo seu concílio de Basiléia, que se ia abrir? Por outro lado, a inquisição papal, o dominicano que era seu vigário não contestava, sem dúvida, que a jurisdição do papa fosse superior à sua, que dela emanava.

Um legista de Ruão, esse mesmo João de La Fontaine, amigo de Cauchon e hostil à Donzela, não acreditou honestamente poder deixar uma acusada sem conselho ignorar que havia juízes de apelação e que, sem nada sacrificar quanto ao fundo, ela podia recorrer. Dois monges também acreditaram que o direito supremo do papa devia ser preservado. Conquanto fosse pouco regular que assessores pudessem visitar isoladamente e aconselhar a acusada, essas três honradas pessoas, que viam todas as formas violadas por Cauchon pelo triunfo da iniqüidade, não hesitaram em violar as normas no interesse da justiça. Foram intrepidamente à prisão, mandaram abri-la e aconselharam a Donzela a apelar. No dia seguinte, ela apelou para o papa e o concílio. Cauchon, furioso, mandou chamar os guardas e perguntou-lhes quem tinha visitado a Donzela. O legista e os dois monges correram grande perigo de morte.[157] Desde esse dia, desaparecem, e com eles desaparece do processo a última imagem do direito.

A princípio Cauchon esperara colocar de seu lado a autoridade dos homens da lei, em tão grande número em Ruão; todavia, bem depressa viu ele que era preciso dispensá-los. Quando comunicou as primeiras atas do processo a um desses austeros legistas, mestre Jehan Lohier, este respondeu com clareza que o processo não valia nada, que tudo isso era irregular, que os assessores não eram livres, que se procedia a portas fechadas, que a acusada, moça simples, não estava capacitada a responder a coisas tão importantes e a tais doutores. Enfim, o jurista ousou dizer ao eclesiástico: "É um processo contra a honra do príncipe de quem esta moça é partidária; seria também necessário chamá-lo e dar-lhe um defensor". Essa gravidade intrépida, que lembra a de Papiniano diante de Caracala, teria custado caro a Lohier. Mas o Papiniano normando não esperou, como o outro, a morte em sua cadeira curul; partiu imediatamente para Roma, onde o papa apressou-se em engajar tal homem, fazendo-o tomar assento nos tribunais da Santa Sé; lá ele morreu como deão.[158]

Cauchon, segundo parece, seria mais bem apoiado pelos teólogos. Após os primeiros interrogatórios, armado das respostas que ela dera em detrimento próprio, ele se fechou com seus íntimos e, auxiliado principalmente pela pena de um hábil universitário de Paris, extraiu dessas respostas um pequeno número de artigos sobre os quais se devia colher o parecer dos principais doutores e dos corpos eclesiásticos. Tal era o detestável costume, mas, enfim (o que quer que se tenha dito), era o costume ordinário e regular dos processos de inquisição. Essas proposições extraídas das respostas da Donzela e redigidas sob forma geral tinham uma falsa aparência de imparcialidade. Na realidade, eram apenas uma deformação de suas respostas e não podiam deixar de ser qualificadas pelos doutores consultados segundo a intenção hostil do iníquo redator.[159]

Qualquer que fosse a redação, qualquer que fosse o terror que pesasse sobre os doutores consultados, suas respostas estiveram longe de ser unânimes contra a acusada.

Entre esses doutores, os verdadeiros teólogos, os crentes sinceros, aqueles que tinham conservado a fé inabalável da Idade Média, não podiam rejeitar tão facilmente as aparições, as visões. Também teria sido necessário duvidar de todas as maravilhas da vida dos santos, discutir todas as legendas. O venerável bispo de Avranches, consultado, respondeu que de acordo com as doutrinas de são Tomás não havia nada de impossível no que afirmava essa moça, nada que se devesse rejeitar inconsideradamente.[160]

O bispo de Lisieux, confessando que as revelações de Joana lhe podiam ser ditadas pelo demônio, acrescentou humanamente que podiam também ser *simples mentiras* e que, se ela não se submetesse à Igreja, devia ser julgada como cismática e veementemente *suspeita* na fé.

Vários legistas responderam como normandos, achando-a culpada e muito culpada, *a menos que ela tivesse ordem de Deus*. Um bacharel foi mais longe: embora condenando-a, pediu ele que, tendo em vista a fragilidade de seu sexo, *fizessem-na repetir as 12 proposições* (ele suspeitava com razão de que estas não lhe tinham sido comunicadas) e que, em seguida, as dirigissem ao papa. Seria um adiamento indefinido.

Os assessores, reunidos na capela do arcebispado, tinham decidido contra ela sobre as proposições. O capítulo de Ruão, também consultado, não se dava pressa em se decidir, em dar essa vitória ao homem que ele detestava, que tremia de ter por arcebispo. O capítulo teria preferido esperar a resposta da Universidade de Paris, da qual se pedia o parecer. A resposta de Paris não deixava dúvida; o partido galicano, universitário e escolástico, não podia ser favorável à Donzela; um homem desse partido,[161] o bispo de Coutances, excedera a todos os outros pela dureza e extravagância de sua resposta. Escreveu ao bispo de Beauvais que a julgava possuída do demônio, "porque não tinha as duas qualidades que são Gregório exige: a virtude e a humanidade" e que suas asserções eram tão heréticas que, mesmo que ela as revogasse, seria preciso mantê-la sob boa guarda.

Era um estranho espetáculo ver esses teólogos, esses doutores, trabalhar com toda a energia para arruinar o que constituía o fundamento de sua doutrina e o princípio religioso da Idade Média em geral, a crença nas revelações, na intervenção de seres sobrenaturais... Eles duvidavam pelo menos da dos anjos, mas sua fé no diabo era integral.

A importante questão de saber se as revelações interiores devem calar-se, renegar a si mesmas, quando a Igreja o ordena, essa questão, debatida no exterior e com estardalhaço, não se agitava em silêncio na alma daquela que afirmava e acreditava com mais força? Essa batalha da fé não acontecia no próprio santuário da fé, nesse leal e simples coração? Tenho certas razões para crê-lo.

Ora ela declarou submeter-se ao papa e pediu para ser enviada a ele, ora divergiu, sustentando que em matéria de *fé* estava submetida ao papa, aos prelados, à Igreja, mas que, pelo que tinha *feito*, só podia confiar-se a Deus. Ora não diferiu mais e, sem explicação, confiou-se "ao seu rei, ao juiz do céu e da terra".

Por mais cuidados que se tenham tomado em obscurecer essas coisas, em ocultar esse lado humano numa figura que se queria totalmente divina, as variações são visíveis. Foi sem razão que se sustentou que os juízes lograram fazê-la equivocar-se sobre essas questões. "Ela era bem sutil", diz com acerto uma testemunha, "de uma sutileza de mulher".[162] Eu atribuiria de bom grado a esses combates interiores a enfermidade que a atingiu e que a colocou bem perto da morte. Seu restabelecimento só ocorreu na época em que suas aparições mudaram, como ela própria nos informa, no momento em que o anjo Miguel, o anjo das batalhas, que não a apoiava mais, cedeu lugar a Gabriel, o anjo da graça e do amor divino.

Caiu enferma na Semana Santa. A tentação começou sem dúvida no Domingo de Ramos.[163] Moça do campo, nascida nos confins dos bosques, ela que sempre vivera sob o céu, tinha de passar esse belo dia de Páscoa florida encerrada numa torre. O grande socorro que a Igreja invoca[164] não chegou para ela; *a porta não se abriu.*[165]

A torre foi aberta na terça, mas para conduzir a acusada à grande sala do castelo perante seus juízes. Leram-lhe os artigos extraídos de suas respostas, e o bispo mostrou-lhe previamente "que esses doutores eram todos gente da Igreja, clérigos e letrados em direito divino e humano, e todos, indulgentes e piedosos, queriam proceder brandamente, sem pedir vingança nem *punição corporal*,[166] e que desejavam tão-somente esclarecê-la e colocá-la no caminho da verdade e da salvação; que, como não estava instruída o bastante em tão elevada matéria, o bispo e o inquisidor ofereciam-lhe que escolhesse um ou vários assistentes para aconselhá-la".

A acusada, diante dessa assembléia onde não encontrava um único rosto amigo, respondeu com doçura: "No que vós me admoestais para o meu bem e o da nossa fé, agradeço-vos; quanto ao conselho que me ofereceis, não tenho absolutamente a intenção de renunciar ao conselho de Nosso Senhor".

O primeiro artigo tocava o ponto capital, a submissão. Ela respondeu como anteriormente: "Creio que nosso Santo Padre, os bispos e outros membros da Igreja são para guardar a fé cristã e punir os que nela esmorecem. Quanto a mim, só me submeterei à Igreja do céu, a Deus e à Virgem, aos santos e santas do paraíso. Não esmoreci na fé cristã, nem gostaria de esmorecer".

E mais adiante: "Prefiro morrer a revogar o que fiz por ordem de Nosso Senhor".

O que retrata a época, o espírito ininteligente desses doutores, sua cega fidelidade à letra, sem consideração pelo espírito, é que nenhum ponto lhes parecia mais grave que o pecado de ter usado uma veste masculina. Eles lhe expuseram que, segundo os cânones, aqueles que mudam assim a veste de seu sexo são abomináveis perante Deus. De início, ela não quis responder diretamente. Os juízes insistiram para que abandonasse essa veste, e ela respondeu: "Que não cabia a ela dizer quando poderia abandoná-la. – Mas se vos privam de assistir à missa? – Pois bem! Nosso Senhor pode muito bem fazer-me ouvi-la sem vós. – Desejais vestir uma roupa de mulher para receber vosso Salvador na Páscoa? – Não, não posso abandonar esta veste para receber meu Salvador, para mim não faz diferença esta roupa ou qualquer outra". Em seguida ela parece perturbada, pede que ao menos a deixem assistir à missa e acrescenta: "Se ao menos me désseis um vestido como aqueles que as moças burguesas vestem, um vestido bem longo".[167]

Vê-se bem que ela enrubescia para explicar-se. A pobre moça não ousava dizer como ela se encontrava na prisão, o perigo contínuo que corria. Cumpre saber que três soldados dormiam em seu quarto,[168] três desses bandidos denominados BRIGÕES. Cumpre saber que, acorrentada a uma viga por grossa corrente de ferro,[169] ela estava quase à mercê deles; a veste de homem que queriam fazê-la abandonar era toda a sua salvaguarda... Que dizer da imbecilidade do juiz ou de sua horrível conivência?

Sob os olhares desses soldados, entre seus insultos e zombarias,[170] era ela, além do mais, espionada de fora; Winchester, o inquisidor, e Cauchon[171] tinham cada qual uma chave da torre e a observavam a toda hora; tinha-se perfurado propositadamente a muralha; nesse calabouço infernal, cada pedra tinha olhos.

Todo o seu consolo era a permissão que lhe fora dada a princípio, de comunicar-se com um padre que se dizia prisioneiro e do partido de Carlos VII. Esse Loyseleur, como lhe chamavam, era um normando que pertencia aos ingleses. Ganhara a confiança de Joana e recebia sua confissão, enquanto escrivães ocultos escutavam e escreviam... Diz-se que Loyseleur encorajou-a a resistir para fazê-la perecer. Quando se deliberou se seria torturada (coisa inútil, pois ela não negava nem ocultava nada), só dois ou três homens aconselharam essa atrocidade, e o confessor foi um deles.[172]

O estado deplorável da prisioneira agravou-se na Semana Santa pela privação dos socorros da religião. Na quinta-feira, faltou-lhe a ceia; nesse dia em que Cristo se fez o anfitrião universal, em que convida os pobres e todos aqueles que sofrem, ela pareceu esquecida.[173]

Na Sexta-feira Santa, no dia do grande silêncio em que, cessando todo ruído, a pessoa só ouve o próprio coração, parece que o dos juízes falou, que um sentimento de humanidade despertou em suas velhas almas escolásticas. O certo é que na quarta-feira 35 deles tomavam assento, e que no sábado não eram mais que nove; os outros pretextaram, sem dúvida, as devoções do dia.

Ela, ao contrário, recobrara o ânimo; associando seus sofrimentos aos de Cristo, reanimara-se. Respondeu novamente "que se confiaria à Igreja militante, *desde que ela não lhe ordenasse algo impossível.* – Credes, então, não estar absolutamente sujeita à Igreja que está na terra, ao nosso Santo Padre, o papa, aos cardeais, arcebispos, bispos e prelados? – Sim, sem dúvida, *servindo a Nosso Senhor.* – Vossas vozes vos proíbem de submeter-vos à Igreja militante? – Elas não mo proíbem, mas *Nosso Senhor deve ser servido primeiro*".

Essa firmeza se mantém no sábado. Mas no dia seguinte, no domingo, nesse grande Domingo de Páscoa, que é feito dela? Que se passou nesse pobre coração, quando a festa universal, eclodindo estrepitosamente pela cidade, os 500 sinos de Ruão lançando seus repiques nos ares,[174] o mundo cristão ressuscitando com o Salvador, ela permaneceu em sua morte?

Que significava isso nessa época, nessa unanimidade do mundo cristão,[175] que significava para uma jovem alma que só vivera de fé! Ela que, em sua vida interior de visões e revelações, nem por isso deixara de obedecer docilmente às injunções da Igreja; ela que até ali acreditara ser ingenuamente uma moça submetida à Igreja, "boa moça", como dizia, podia ver sem terror que a Igreja estava contra ela? Só, quando todos se unem em Deus; só, excluída da alegria do mundo e da comunhão universal, no dia em que a porta do céu se abre à espécie humana; só ela excluída!...

E essa exclusão era injusta? A alma cristã é demasiado humilde para pretender ter direito a receber seu Deus... Quem era ela, afinal, para contradizer esses prelados, esses doutores? Como ousava ela falar diante de tantas pessoas hábeis e instruídas? Na resistência de uma ignorante aos doutos, de uma simples moça às pessoas de elevada autoridade, não havia aí presunção e orgulho?...Esses temores certamente a assaltaram.

Por outro lado, essa resistência não é a de Joana, mas a das santas e dos anjos que lhe ditaram suas respostas e a respaldaram até ali...Por que, ai!, eles a socorrem mais raramente em tão grande necessidade? Por que esses consoladores rostos de santas só aparecem numa débil luz e cada vez mais pálidos?...Por que não chegava essa salvação tão prometida? Ninguém duvida que a prisioneira se fez constantemente essas perguntas, que ela não tenha, bem baixinho, bem suavemente, criticado as santas e os anjos. Entretanto, anjos que não sustentam sua palavra são anjos de luz? Esperemos que esse horrível pensamento não tenha se apresentado ao seu espírito.

Havia um meio de escapar. Tratava-se de, sem retratar-se expressamente, não mais afirmar, mas dizer: "Parece-me". Os legistas achavam bem simples que ela dissesse essa pequena palavra.[176] Mas, para ela, dizer essa palavra de dúvida era, no fundo, renegar, abjurar o belo sonho das amizades celestes, trair as doces irmãs das alturas...[177] Seria melhor morrer. E, com efeito, a infortunada, rejeitada pela Igreja visível, abandonada pela Igreja invisível, pelo mundo e por seu próprio coração, esmorece...E o corpo seguia a alma esmorecida...

Sucedeu precisamente que nesse dia ela comera um peixe que o caridoso bispo de Beauvais[178] lhe enviara; julgou-se envenenada. O bispo tinha interesse nisso; a morte de Joana poria termo a esse processo embaraçoso, tiraria o juiz de apuros. Mas não era o que interessava aos ingleses. Lorde Warwick dizia, alarmado: "O rei não quereria por nada neste mundo que ela morresse de morte natural; o rei comprou-a, ela lhe custa caro!...Cumpre que morra pela mão da justiça, que seja queimada...Tratai de curá-la". Cuidou-se dela, com efeito; foi visitada, sangrada, mas não melhorou. Continuava fraca, quase moribunda. Seja porque se temesse que escapasse assim e morresse sem se retratar, seja porque esse enfraquecimento do corpo desse esperanças de que se poderia tirar proveito de seu estado mental, os juízes fizeram uma tentativa (18 de abril). Dirigiram-se ao seu quarto e mostraram-lhe que correria grande perigo se não quisesse aconselhar-se com a Igreja e obedecer aos seus ditames: "Parece-me, com efeito", diz ela, "tendo em vista meu mal, que estou em grande risco de morrer. Se é assim, seja feita a vontade de Deus; gostaria de confessar-me, receber meu Salvador e ser colocada em terra santa. – Se desejais obter os sacramentos da Igreja, deveis fazer como os bons católicos e submeter-vos à Igreja". Ela nada replicou. Em seguida, tendo o juiz repetido as mesmas palavras, ela disse: "Se o corpo morre na prisão, espero que mandareis colocá-lo em terra santa; se não o fizerdes, confiar-me-ei ao Nosso Senhor".

Nesses interrogatórios, ela já expressara uma de suas últimas vontades. *Pergunta*: "Dizeis que vestis roupas de homem por ordem de Deus e, no entanto, se morrerdes desejais vestir traje de mulher?" *Resposta*: "Basta que ele seja longo". Essa comovente resposta mostrava que nesse extremo ela estava bem menos preocupada com a vida do que com o pudor.

Os doutores pregaram longamente à enferma, e aquele que se encarregara especialmente de exortá-la, um dos escolásticos de Paris, mestre Nicolas Midy, acabou por dizer-lhe com rudeza: "Se não obedecerdes à Igreja, sereis abandonada como uma sarracena". – "Sou boa cristã", respondeu ela com doçura, "fui batizada e morrerei como boa cristã".

Essa lentidão levou ao cúmulo a impaciência dos ingleses. Winchester tinha esperado, antes da campanha, poder encerrar o processo, conseguir uma confissão da prisioneira, desonrar o rei Carlos. Desferido esse golpe, recuperaria Louviers,[179] assegurar-se-ia a Normandia, o Sena, e então poderia ir a Basiléia começar a outra guerra, a guerra teológica, tomar assento como árbitro da cristandade, fazer e desfazer os papas.[180] No momento em que tinha em mira coisas tão importantes, via-se obrigado a mofar à espera do que essa moça quisesse dizer.

O inábil Cauchon havia justamente indisposto o capítulo de Ruão do qual solicitava uma decisão contra a Donzela. Deixava-se chamar de antemão: "Monsenhor arcebispo".[181] Winchester resolveu que, sem se deter diante da lentidão desses normandos, dirigir-se-ia diretamente ao grande tribunal teológico, à Universidade de Paris.[182]

Ao mesmo tempo que se aguardava a resposta, faziam-se novas tentativas para vencer a resistência da acusada; empregava-se a astúcia, o terror. Numa segunda admoestação (2 de maio), o pregador, mestre Châtillon, propôs-lhe que se *con-fia-sse*, sobre a verdade de suas aparições, a pessoas de seu partido.[183] Joana não caiu na armadilha. "Atenho-me", diz ela, "ao meu juiz, ao Rei do céu e da terra". (Desta vez não disse mais, como anteriormente: "A Deus *e ao papa*".) Pois bem! A Igreja vos abandonará, e correreis o risco do fogo, para a alma e para o corpo. – Se fizerdes o que dizeis, vosso corpo e vossa alma sofrerão.

Não se ficou em vagas ameaças. Na terceira admoestação, ocorrida em seu quarto (11 de maio), chamaram o carrasco, afirmaram que a tortura estava pronta... Mas isso não deu resultado. Sucedeu, ao contrário, que ela recuperou toda a sua coragem, e como jamais a tivera. Restabelecida após a tentação, tinha como que ascendido um grau rumo às fontes da graça. "O anjo Gabriel veio fortalecer-me", diz ela; "é realmente ele, as santas mo asseguraram...[184] Deus foi sempre o mestre em tudo o que fiz; o diabo nunca teve ascendência sobre mim... Quando me mandardes arrancar os membros e tirar-me a alma do corpo, não direi outra coisa". O Espírito resplandecia de tal sorte nela que o próprio Châtillon, seu último adversário, deixou-se tocar e tornou-se seu defensor; declarou que um processo assim conduzido parecia-lhe nulo. Cauchon, fora de si, fê-lo calar-se.

Chegou, enfim, a resposta da universidade. Ela decidia, com base nos 12 artigos, que essa moça estava possuída do diabo, era ímpia para com seus pais, tinha o sangue cristão corrompido etc.[185] Tal era a opinião da faculdade de teologia. A faculdade de direito, mais moderada, declarava-a punível, mas com duas restrições: 1°) se ela se obstinasse; 2°) se estivesse em seu perfeito juízo.

A universidade escrevia ao mesmo tempo ao papa, aos cardeais e ao rei da Inglaterra, louvando o bispo de Beauvais e declarando considerar que "ele havia mostrado elevada gravidade, santa e justa maneira de proceder, com a qual todos deviam estar satisfeitos".

Munidos dessa resposta, queriam alguns que ela fosse queimada de imediato; isso teria bastado para a satisfação dos doutores cuja autoridade ela rejeitava, mas não para a satisfação dos ingleses; era-lhes necessária uma retratação que *aviltasse* o rei Carlos. Tentou-se uma nova admoestação, um novo pregador, mestre Pierre Morice, que também não logrou êxito; de nada adiantou fazer valer a autoridade da Universidade de Paris, "que é a luz de toda ciência": "Quando vir o carrasco e o fogo", diz ela, "quando estiver no fogo, não poderei dizer senão o que já disse".

Tinha-se chegado ao 23 de maio, um dia depois do Pentecostes; Winchester já não podia mais permanecer em Ruão, era preciso pôr termo àquilo. Resolveu-se preparar uma grande e terrível cena pública que pudesse apavorar a obstinada Donzela ou, ao menos, enganar o povo. Na véspera, à noite, Loyseleur, Châtillon e Morice foram enviados até ela para prometer-lhe que, caso ela se submetesse, caso abandonasse as vestes de homem, seria entregue aos membros da Igreja e sairia das mãos dos ingleses.

Foi no cemitério de Saint-Ouen, atrás da bela e austera igreja monástica (já construída tal como a vemos hoje), que se representou essa terrível comédia. Sobre um cadafalso tomavam assento o cardeal Winchester, os dois juízes e 33 assessores, vários dentre eles com seus escribas sentados a seus pés.

Sobre o outro cadafalso, entre os meirinhos e os torturadores, encontrava-se Joana em vestes de homem; havia, além deles, notários para colher suas confissões, e um pregador que devia admoestá-la. De pé, entre a multidão, distinguia-se um estranho ouvinte, o carrasco sobre a carroça, pronto a conduzi-la tão logo ela lhe fosse entregue.[186]

O pregador desse dia, um famoso doutor, Guillaume Erard, pensou que devia dar livre curso à sua eloqüência e por excesso de zelo estragou tudo. "Ó, nobre casa de França", exclamava ele, "que sempre protegera a fé, fostes assim enganada ao ligar-te a uma herética e cismática..." Até aí a acusada escutava pacientemente, mas o pregador, voltando-se para ela, disse-lhe de dedo em riste: "É a ti, Joana, que eu falo, e digo que teu rei é herético e cismático". Ao ouvir essas palavras, a admirável Donzela, esquecendo todo o perigo que corria, exclamou: "Por minha fé, senhor, e com todo o respeito, ouso dizer-vos e jurar, com o risco da própria vida, que ele é o mais nobre cristão dentre todos os cristãos, o que mais ama a fé e a Igreja; ele não é absolutamente aquilo que dizeis. – Fazei-a calar-se", gritou Cauchon.

Dessa forma, tantos esforços, trabalhos, gastos estavam perdidos. A acusada sustentava suas palavras. Tudo o que se obtinha dela, dessa vez, era que aceitasse submeter-se *ao papa*. Cauchon respondia: "O papa está muito longe". Pôs-se então a ler a ata de condenação previamente elaborada; entre outras coisas estava escrito: "Ademais, com espírito obstinado haveis recusado submeter-vos *ao santo padre* e ao concílio etc." Todavia Loyseleur e Erard conjuravam-na a apiedar-se de si mesma; o bispo, recobrando alguma esperança, interrompeu sua leitura. Então os ingleses ficaram furiosos; um secretário de Winchester diz a Cauchon que bem se via que ele favorecia essa moça, o mesmo dizendo o capelão do cardeal. "Estás mentindo",[187] declarou o bispo. "E tu", disse o outro, "trais o rei". Esses graves personagens estavam a ponto de engalfinhar-se no seu tribunal.

Erard não desanimava, ameaçava, orava. Ora dizia: "Joana, temos tanta piedade de vós!...", ora exclamava: "Abjura ou serás queimada!" Todo mundo envolvia-se na questão, até um bom meirinho, que, tomado de compaixão, suplicava-lhe que cedesse e assegurava que ela seria tirada das mãos dos ingleses e entregue à Igreja. "Pois bem, assinarei," disse ela. Então Cauchon, voltando-se para o cardeal,[188] perguntou-lhe respeitosamente o que se deveria fazer. "Admiti-la à penitência", respondeu o príncipe eclesiástico.

O secretário de Winchester tirou de sua manga uma pequena revogação de seis linhas (a que foi posteriormente publicada tinha seis páginas) e colocou a pena na mão da Donzela, mas esta não sabia assinar; ela sorriu e traçou um círculo; o secretário pegou sua mão e fê-la traçar uma cruz.

A sentença de graça era bem severa: "Joana, nós vos condenamos por graça e moderação a passar o resto de vossos dias na prisão, ao pão da dor e à água da angústia, para lá chorardes os vossos pecados".

Joana era admitida pelo juiz da Igreja a fazer penitência, em nenhum outro lugar senão nas prisões da Igreja.[189] O *in pace* eclesiástico, por muito duro que fosse, devia ao menos tirá-la das mãos dos ingleses, colocá-la ao abrigo de seus ultrajes, salvar-lhe a honra. Quais não foram sua surpresa e seu desespero quando o bispo disse friamente: "Conduzam-na ao lugar de onde a trouxeram!"

Nada fora conseguido; assim enganada, ela não podia deixar de retratar-se de sua retratação. Todavia, ainda que ela tivesse desejado persistir, a fúria dos ingleses não lhe teria permitido. Tinham vindo a Saint-Ouen na esperança de, enfim, queimar a feiticeira; aguardavam, excitados, e podia-se imaginar, assim, que regressassem contentes com um pedaço de pergaminho na mão, uma assinatura, uma dissimulação? No momento mesmo em que o bispo interrompeu a leitura da condenação, as pedras voaram sobre os cadafalsos, sem respeito pelo cardeal... Os doutores quase pereceram ao dirigir-se à praça; em toda parte espadas nuas eram postas nas gargantas; os mais moderados dos ingleses contentavam-se com pronunciar palavras ultrajantes: "Padres, não estais ganhando o dinheiro do rei". Os doutores, desfilando às pressas, diziam todo trêmulos: "Não vos preocupeis, nós a pegaremos".[190]

E não era apenas a soldadesca, a *mob* inglesa, sempre tão feroz, que mostrava essa sede de sangue. As pessoas honradas, os grandes personagens, os lordes, não estavam menos encarniçados. O homem do rei, seu governador, lorde Warwick, dizia como os soldados: "As coisas vão mal para o rei,[191] a moça não será queimada".

Warwick era o perfeito cavalheiro segundo as idéias inglesas, o inglês acabado, o perfeito *gentleman*.[192] Corajoso e devoto como seu senhor Henrique V, paladino zeloso da Igreja *estabelecida*, fizera uma peregrinação à Terra Santa e muitas outras viagens cavalheirescas, sem perder um só torneio no seu caminho. Ele próprio organizou um dos mais extraordinários e célebres desses torneios às portas de Calais, onde desafiou toda a cavalaria da França. Dessa festa ficou uma longa recordação: a bravura, a magnificência desse Warwick ajudaram a preparar o caminho para o famoso Warwick, o *fazedor de reis*.

Com todo esse cavalheirismo, Warwick não perseguia com menor ferocidade a morte de uma mulher, de uma prisioneira de guerra; os ingleses, o melhor e o mais estimado de todos, não tinham nenhum escrúpulo de honra em matar por sentença eclesiástica e pelo fogo a Donzela que os humilhara pela espada.

Esse grande povo inglês, entre tantas boas e sólidas qualidades, tem um vício que estraga essas mesmas qualidades. Esse vício imenso, profundo, é o orgulho. Cruel enfermidade, mas que é também seu princípio de vida, a explicação de suas contradições, o segredo de seus atos. Neles, virtudes e crimes são quase sempre orgulho; seus ridículos também vêm daí. Esse orgulho é prodigiosamente sensível e doloroso; sofrem infinitamente com ele, e colocam mais orgulho para esconder esses sofrimentos. Todavia, estes aparecem; a língua inglesa possui com exclusividade duas palavras expressivas, *disappointment* e *mortification*.[193] Essa autolatria, esse culto interior da criatura por si mesma, é o pecado que fez cair Satã, a impiedade suprema. Eis por que, com tantas virtudes humanas, com essa seriedade, essa honestidade externa, essa índole bíblica, nenhuma nação está mais longe da graça. É o único povo que não teria podido reivindicar a *Imitação de Cristo*; um francês podia escrever esse livro, um alemão, um italiano – um inglês nunca. De Shakespeare[194] a Milton, de Milton a Byron, sua bela e sombria literatura é cética, judaica, satânica – numa palavra, anticristã. Os indígenas da América, que amiúde têm tanta penetração e originalidade, diziam à sua maneira: "Cristo era um francês que os ingleses crucificaram em Londres; Pôncio Pilatos era um oficial a serviço da Grã-Bretanha".

Nunca os judeus foram tão animados contra Jesus como os ingleses contra a Donzela. Ela os tinha, cumpre dizê-lo, cruelmente ferido no seu ponto mais sensível, na estima ingênua e profunda que têm por si mesmos. Em Orléans, a invencível gendarmeria, os famosos arqueiros, com Talbot à frente, haviam batido em retirada; em Jargeau, numa praça e detrás de sólidas muralhas, tinham-se deixado capturar; em Patay fugiram a toda pressa, fugiram perante uma moça... Eis o que era duro de pensar, eis o que esses taciturnos ingleses ruminavam incessantemente... Uma moça causara-lhes medo, e nada garantia que não tornasse a fazê-lo uma vez mais, mesmo acorrentada como se encontrava... Não ela, aparentemente, mas o diabo, de quem era o agente; ao menos procuravam acreditar nisso e dá-lo a crer às pessoas.

Havia aí, no entanto, uma dificuldade: é que se dizia tratar-se de uma virgem, e era notório e perfeitamente certo que o diabo não podia fazer pacto com uma virgem. O regente Bedford, a mais sábia cabeça dentre os ingleses, resolveu esclarecer esse ponto; a duquesa, sua mulher, enviou matronas que declararam ser ela, com efeito, uma donzela.[195] Essa declaração favorável voltou-se justamente contra ela, dando lugar a outra imaginação supersticiosa. Concluiu-se que era essa virgindade que fazia a sua força, o seu poder; usurpar-lhe a virgindade era desarmá-la, quebrar o encanto, fazê-la descer ao nível das outras mulheres.

A pobre moça, em tal perigo, só tivera como defesa, até aquele momento, suas vestes de homem. Todavia, coisa bizarra, ninguém jamais quis compreender por que ela as conservava. Seus amigos, seus inimigos, todos estavam escandalizados.

Desde o começo ela fora obrigada a explicar-se às mulheres de Poitiers. Quando foi aprisionada e estava sob a guarda das damas de Luxemburgo, essas boas damas rogaram-lhe que se vestisse como convinha a uma moça honesta. As inglesas, principalmente, que sempre fizeram muito alarde de castidade e pudor, deviam achar tal disfarce monstruoso e intoleravelmente indecente. A duquesa de Bedford[196] enviou-lhe um vestido, mas por quem? por um homem, por um alfaiate.[197] Esse homem, ousado e familiar, atreveu-se a colocar-lhe o vestido e, como ela o repelisse, pôs a mão sem cerimônia sobre ela, sua mão de alfaiate sobre a mão que conduzira a bandeira da França... e ela aplicou-lhe uma bofetada.

Se as mulheres nada compreendiam dessa questão feminina, que dizer dos padres? Citavam eles o texto de um concílio do século IV,[198] que anatematizava essas mudanças de vestes. Não viam que essa proibição aplicava-se especialmente a uma época em que se acabava de sair da impureza pagã. Os doutores do partido de Carlos VII, os apologistas da Donzela, sentem-se muito embaraçados para justificar esse ponto. Um deles (tratar-se-ia de Gerson) supõe gratuitamente que, assim que ela desce do cavalo, retoma as vestes de mulher; declara que Ester e Judite empregaram outros meios mais naturais, mais femininos, para triunfar sobre os inimigos do povo de Deus.[199] Esses teólogos, completamente preocupados com a alma, parecem fazer pouco caso do corpo; desde que se siga a letra, a lei escrita, a alma será salva; que a carne torne-se o que puder... É preciso perdoar uma pobre e simples moça por não ter sabido apresentar-se tão bem.

É nossa dura condição neste mundo que a alma e o corpo estejam tão fortemente ligados uma ao outro, que a alma arraste essa carne, que sofra as contingências e responda por elas... Essa fatalidade sempre foi difícil de suportar, mas o é muito mais sob uma lei religiosa que ordena suportar o ultraje, que não permite que a honra em perigo possa escapar deixando o corpo e refugiando-se no mundo dos espíritos!

Na sexta-feira e no sábado, a infortunada prisioneira, despojada das vestes de homem, tinha motivos para temer. A natureza brutal, o ódio furibundo, a vingança, tudo devia levar os covardes a degradá-la antes que perecesse, macular o que iam queimar... Eles podiam, por sinal, ser tentados a cobrir sua infâmia por uma *razão de estado*, segundo as idéias da época; roubando-lhe a virgindade, devia-se sem dúvida destruir esse poder oculto do qual os ingleses tinham tanto medo; recobrariam coragem, talvez, se soubessem que apesar de tudo se tratava apenas de uma mulher.

Segundo seu confessor, a quem ela o revelou, um inglês, não um soldado, mas um *gentleman*, um lorde, teria patrioticamente se devotado a essa tarefa; teria intrepidamente empreendido violar uma moça acorrentada e, não logrando êxito, a teria espancado.[200]

"Quando chegou o domingo, dia da Trindade, e precisando levantar-se (conforme contou àquele que fala),[201] disse ela aos ingleses, seus guardas: 'Tirem-me as correntes para que eu possa levantar-me'. Um deles tirou as vestes de mulher que estavam sobre ela, esvaziou o saco onde estavam as vestes de homem e disse-lhe: 'Levanta'. – Senhores –, disse ela, – sabeis que isso me é proibido; com toda a certeza não as vestirei'. Esse debate durou até o meio-dia; e, enfim, por necessidade do corpo, foi preciso que saísse e vestisse essa roupa. De regresso, não quiseram dar-lhe outra, por mais que suplicasse."[202]

No fundo, não era do interesse dos ingleses que ela retomasse as vestes de homem e anulasse assim uma retratação tão laboriosamente obtida. Mas naquele momento o ódio dos ingleses já não conhecia limites. Xaintrailles acabava de fazer uma tentativa ousada contra Ruão.[203] Teria sido um belo golpe colocar as mãos sobre os juízes em seu tribunal, conduzir Winchester e Bedford a Poitiers; este último quase foi apanhado ao regressar, entre Ruão e Paris. Não havia mais segurança para os ingleses enquanto vivesse essa moça maldita, que sem dúvida continuava a operar seus malefícios na prisão. Urgia que ela perecesse.

Os assessores, advertidos no momento de ir ao castelo para ver a mudança das vestes, depararam no pátio com uma centena de ingleses que lhes barraram a passagem; pensando que esses doutores, se ali entrassem, poderiam pôr tudo a perder, ergueram contra eles seus machados, suas espadas, e os expulsaram, chamando-os de *traidores Armagnacs*.[204] Cauchon, tendo entrado com grande dificuldade, fez-se alegre para agradar Warwick e disse, rindo: "Ela está perdida".

Na segunda-feira, retornou com o inquisidor e oito assessores para interrogar a Donzela e perguntar-lhe por que retomara aquelas vestes. Ela não deu nenhuma desculpa, mas, afrontando corajosamente o perigo, disse que aquelas vestes lhe convinham melhor enquanto fosse guardada por homens; e que, por sinal, lhe tinham faltado com a palavra. Suas santas tinham-lhe dito que "era uma pena ter ela abjurado para salvar sua vida". De resto, ela não se recusava a retomar as vestes de mulher. "Que me dêem uma prisão decente e segura",[205] dizia, "e serei boa e farei tudo o que a Igreja quiser". O bispo, ao sair, encontrou-se com Warwick e uma multidão de ingleses; e, para mostrar-se bom inglês, disse em inglês: *Farewell, farewell*. Esse alegre adeus queria dizer aproximadamente: "Boa tarde, boa tarde, tudo está consumado".[206]

Na terça-feira, os juízes reuniram no arcebispado uma assembléia de assessores da qual alguns só tinham participado das primeiras sessões, os outros nunca, e o resto se compunha de gente de toda espécie: padres, legistas, e até três médicos. Eles lhes prestaram contas do que se passara e pediram-lhes sua opinião. A opinião, bem diferente do que se esperava, era que se devia convocar uma vez mais a prisioneira e ler-lhe seu ato de abjuração. É duvidoso que os juízes tivessem poder para isso. No fundo, já não havia nem juiz, nem julgamento possível no meio desses soldados furiosos, entre essas espadas. Era preciso sangue, e o dos juízes talvez não estivesse longe de ser derramado. Estes redigiram às pressas uma citação para ser notificada no dia seguinte às oito horas; agora ela só devia apresentar-se para ser queimada.

De manhã, Cauchon enviou-lhe um confessor, frei Martin l'Advenu, "para anunciar-lhe sua morte e induzi-la à penitência..." E, quando ele anunciou à pobre mulher a morte que a aguardava nesse dia, ela começou a gritar dolorosamente, a descompor-se e a arrancar os cabelos: "Ai de mim! Tratam-me de modo horrível e cruel!

Que meu corpo, inteiramente limpo, que nunca foi corrompido, seja hoje consumido e transformado em cinzas! Ah! eu preferia ser decapitada sete vezes a ser queimada desse jeito... Oh! Invoco a Deus, o grande juiz, pelos erros e agravos que me fazem!"[207]

Após essa explosão de dor, ela se recupera e confessa-se, depois pede para comungar. O frei estava confuso; todavia, consultado o bispo, este respondeu que se podia dar-lhe a comunhão "e tudo o que ela pedisse". Assim, no momento mesmo em que a julgava herética, relapsa, e a subtraía à Igreja, ele lhe dava tudo o que a Igreja dá a seus fiéis. Talvez um último sentimento humano tenha nascido no coração do mau juiz; pensou que era bastante queimar essa pobre *cria-tu-ra*, sem desesperá-la e atormentá-la. Pode ser também que o mau sacerdote, por extrema leviandade, concedesse os sacramentos como algo inconseqüente que, no fundo, só podia acalmar e fazer calar-se o paciente... De resto, tentou-se, inicialmente, fazer a coisa sem estardalhaço: levou-se a eucaristia sem estola e sem luz. Mas o monge queixou-se, e a Igreja de Ruão devidamente advertida, comprazeu-se em testemunhar o que pensava do julgamento de Cauchon; enviou o corpo do Cristo com grande quantidade de tochas, um clero numeroso, que cantava litanias e dizia ao povo ajoelhado ao longo das ruas: "Orai por ela".[208]

Após a comunhão, que recebeu com muitas lágrimas, apercebeu-se ela da presença do bispo e disse-lhe as seguintes palavras: "Bispo, morro por vossa causa..." E ainda: "Se me tivésseis colocado nas prisões da Igreja e me dado guardas eclesiásticos, isso não teria acontecido... Eis por que me confio a Deus pelo que me fazeis sofrer".[209]

Em seguida, ao ver entre os assistentes Pierre Morice, um dos que lhe tinham pregado, disse-lhe: "Ah! mestre

Pierre, onde estarei esta noite? – Não tendes esperança no Senhor? – Oh! sim, com a ajuda de Deus estarei no paraíso!"

Eram nove horas; vestiram-na com trajes femininos e colocaram-na sobre uma carroça. Ladeavam-na o confessor frei Martin l'Advenu e o meirinho Massieu. O monge agostiniano frei Isambart, que já dera mostra de tanta caridade e coragem, não quis abandoná-la. Diz-se que o miserável Loyseleur também subiu na carroça e pediu-lhe perdão; os ingleses o teriam matado não fosse a intervenção do conde de Warwick.[210]

Até esse momento a Donzela nunca havia desesperado, com exceção, talvez, de sua tentação durante a Semana Santa. Dizendo embora, como ela dizia às vezes: "Esses ingleses me matarão", no fundo não acreditava nisso. Não imaginava que algum dia pudesse ser abandonada. Tinha fé em seu rei, no bom povo da França. Dissera expressamente: "Haverá na prisão ou no julgamento alguma revolta em virtude da qual serei salva... salva para a grande vitória!"[211] Mas ainda que o rei e o povo lhe faltassem, tinha uma outra ajuda, mais poderosa e segura, a de suas amigas das alturas, as boas e diletas santas... Quando ela sitiava Saint-Pierre e os seus a abandonaram no assalto, as santas enviaram um exército invisível em seu socorro. Como abandonariam essa filha obediente, elas que tantas vezes lhe tinham prometido *salvação* e *libertação*!

Quais teriam sido, então, seus pensamentos quando viu que deveria mesmo morrer; quando, montada na carroça, avançava entre a multidão trêmula, sob a guarda de 800 ingleses armados de lanças e espadas? Ela chorava e se lamentava, sem, contudo, acusar seu rei ou suas santas... Escapou-lhe tão somente uma frase: – "Oh, Ruão, Ruão! Devo então morrer aqui?"

O fim da triste viagem era o Mercado Velho, o mercado de peixes. Três cadafalsos tinham sido erigidos ali. Num deles ficava a cátedra episcopal e real, o trono do cardeal da Inglaterra, entre as cadeiras de seus prelados. Noutro deviam figurar as personagens do lúgubre drama, o pregador, os juízes, o bailio e, enfim, a condenada. Via-se à parte um grande cadafalso de gesso sobrecarregado de madeira; ninguém se queixava da fogueira; ela assustava por sua altura. Não era apenas para tornar a execução mais solene; havia uma intenção: estando a fogueira erguida tão alto, o carrasco só podia alcançá-la por baixo, somente para acendê-la, sem poder, dessa forma, abreviar o suplício,[212] nem expedir a paciente como fazia com os outros, poupando-os das chamas. Aqui, não se tratava de fraudar a justiça, de dar ao fogo um corpo morto; queria-se que ela fosse realmente queimada viva; que, colocada em cima dessa montanha de madeira e dominando o círculo de lanças e espadas, pudesse ser observada por toda a praça. Lenta, longamente queimada sob os olhos de uma multidão curiosa, havia razão para crer que ao final ela se deixasse levar por alguma fraqueza, por alguma coisa que se pudesse tomar como uma retratação, ao menos palavras confusas que se prestassem a interpretações, talvez orações vulgares, humilhantes clamores por mercê, como os de uma mulher desvairada...

Um cronista, amigo dos ingleses, ataca-os aqui severamente. Queriam eles, segundo o cronista, que, uma vez queimado o vestido, a paciente ficasse nua, para dirimir as dúvidas do povo; que, afastado o fogo, todos viessem vê-la, e conhecer todos os segredos que podem ou devem estar numa mulher; e que após essa impudica e feroz exibição o carrasco tornasse a atear fogo no seu pobre cadáver...[213]

A pavorosa cerimônia principiou com um sermão. Mestre Nicolas Midy, um dos luminares da Universidade de Paris, proferiu estas palavras edificantes: "Quando um membro da Igreja está enfermo, toda a Igreja está enferma". Essa pobre Igreja só podia curar-se amputando um de seus membros. E concluía com a fórmula: "Joana, *ide* em paz, a Igreja já não pode *vos* defender".

Então o juiz da Igreja, o bispo de Beauvais, exortou-a benignamente a ocupar-se de sua alma e a recordar-se de todos os seus malefícios em sinal de contrição. Os assessores haviam julgado que era de direito reler-lhe sua abjuração; o bispo não o fez. Temia desmentidos, reivindicações. Mas a pobre moça não pensava em questionar assim sua vida; tinha efetivamente outros pensamentos. Antes mesmo que a exortassem à contrição, ela se ajoelhara, invocando Deus, a Virgem, são Miguel e santa Catarina, perdoando a todos, pedindo perdão e dizendo aos assistentes: "Orai por mim!" Rogava, sobretudo, aos padres para que celebrassem cada qual uma missa por sua alma... Tudo isso de maneira tão devota, tão humilde e tão comovente que, crescendo a emoção, ninguém pôde mais se conter: o bispo de Beauvais pôs-se a chorar, o de Bolonha soluçava, e eis que os próprios ingleses também choravam e lacrimejavam, Winchester assim como os outros.[214]

Seria nesse momento de enternecimento universal, de lágrimas, de contagiosa fraqueza, que a infortunada donzela, debilitada e de novo tornada simples mulher, teria confessado que de fato errara, que lhe tinham enganado, prometendo-lhe a salvação. Quanto a isso não podemos fiar-nos em demasia do testemunho tendencioso dos ingleses.[215] Todavia, seria preciso conhecer bem pouco da natureza humana para duvidar de que assim enganada em sua esperança, ela não tenha vacilado em sua fé...Pronunciou as palavras? é algo incerto; afirmo que ela pensou nisso. Entretanto os juízes, por um momento desconcertados, tinham-se recomposto. O bispo de Beauvais, enxugando os olhos, pôs-se a ler a condenação. Relembrou à culpada todos os seus crimes, cisma, idolatria, invocação de demônios, como fora admitida em penitência e como, "seduzida pelo príncipe da mentira, ela recaíra, oh, dor!, *como o cão que retorna ao próprio vômito*...Pronunciamos, pois, que sois um membro apodrecido e, como tal, amputado da Igreja. Nós vos entregamos ao poder secular, rogando-lhe, no entanto, que modere seu julgamento, evitando-vos a morte e a mutilação dos membros".

Assim abandonada pela Igreja, ela se entregou com toda confiança a Deus. Pediu a cruz. Um inglês passou-lhe uma cruz de madeira, que fez de um bastão; nem por isso ela a recebeu com menos devoção; beijou-a e colocou-a, essa rude cruz, sob suas vestes e sobre sua carne...Mas teria preferido a cruz da Igreja, para mantê-la diante de seus olhos até a morte. O bom meirinho Massieu e frei Isambart tanto fizeram que lha trouxeram da paróquia de Saint-Sauveur. Como ela abraçasse essa cruz, e como Isambart a encorajasse a tanto, os ingleses começaram a achar tudo isso muito demorado; devia ser pelo menos meio-dia; os soldados ralhavam, os capitães diziam: "Como é, padre, far-nos-eis jantar aqui?" Então, perdendo a paciência e sem esperar a ordem do bailio, que, todavia, era o único que tinha autoridade para entregá-la à morte, mandaram dois sargentos subir para tirá-la das mãos dos padres. Ao pé do tribunal ela foi agarrada pelos soldados, que a arrastaram até o carrasco, dizendo-lhe: "Cumpre teu ofício..." Essa fúria de soldados causou horror; vários assistentes, e até mesmo alguns juízes, fugiram para não ver mais nada.

Quando Joana se viu lá embaixo, na praça, entre esses ingleses que punham as mãos sobre ela, a natureza sofreu e a carne transtornou-se; ela exclamou de novo: "Oh, Ruão, serás então a minha última morada!" Não disse mais nada, *e não pecou por seus lábios*,[216] nesse momento de pavor e transtorno...

Não acusou nem seu rei, nem suas santas. Todavia, tendo chegado ao alto da fogueira, vendo aquela grande cidade, aquela multidão imóvel e silenciosa, não pôde impedir-se de dizer: "Ah! Ruão, Ruão, receio muito que venhas a sofrer por minha morte!" Aquela que salvara o povo e a quem o povo abandonava não exprimiu ao morrer (admirável doçura de alma!) senão compaixão por ele...

Foi amarrada debaixo do letreiro infame e colocaram-lhe uma mitra onde se lia: "Herética, reincidente, apóstata, idólatra". E então o carrasco ateou o fogo... Vendo-o de cima, ela lançou um grito... Depois, como o frei que a exortava não se apercebesse da chama, temeu por ele, esquecendo-se de si mesma, e fê-lo descer.

O que prova que até ali ela nada tinha retratado expressamente é que o infeliz Cauchon foi obrigado (sem dúvida pela grande vontade satânica que presidia) a ir ao pé da fogueira, obrigado a afrontar de perto a face de sua vítima para tentar extrair dela alguma palavra... Só obteve uma, desesperadora. Ela lhe disse com doçura o que já dissera antes: "Bispo, morro por vossa causa... Se me tivésseis colocado nas prisões da Igreja, isso não teria acontecido". Esperavam sem dúvida que, acreditando-se abandonada por seu rei, ela o acusaria, enfim, e falaria contra ele. Mas ela o defende uma vez mais: "Que eu tenha agido bem ou mal, meu rei nada tem a ver com isso; não foi ele quem me aconselhou".

Entretanto a chama subia... No momento em que a tocou, a infeliz fremiu e pediu *água* benta; *água* era aparentemente o grito do pavor... Todavia, recompondo-se imediatamente, ela só invocou o nome de Deus, de seus anjos e de suas santas. Testemunhou em favor deles: "Sim, minhas vozes eram de Deus, minhas vozes não me enganaram!"[217] Que toda incerteza tenha cessado nas chamas, isso deve fazer-nos crer que aceitou a morte pela *libertação* prometida, que não mais entendeu a salvação no sentido judaico e material, como fizera até aquele momento, que via, enfim, claro e que, saindo das sombras, alcançou o que ainda lhe faltava de luz e santidade.

Essas palavras elevadas são atestadas pela testemunha obrigada e jurada de morte, pelo dominicano que subiu com ela sobre a fogueira, a quem ela mandou descer mas que, de baixo, falava-lhe, escutava-a e estendia-lhe a cruz.

Temos ainda outra testemunha dessa morte santa, uma testemunha bem austera, ele próprio, sem dúvida, um santo. Esse homem, de quem a história deve conservar o nome, era o monge agostiniano já mencionado, frei Isambart de la Pierre; durante o processo, ele quase perecera por ter aconselhado a Donzela e, contudo, ainda que isso o votasse ao ódio dos ingleses, quis subir com ela na carroça, fez com que lhe trouxessem a cruz da paróquia e assistiu-a, em meio a essa multidão furiosa, no cadafalso e na fogueira.

Vinte anos depois, os dois veneráveis religiosos, simples monges consagrados à pobreza e nada tendo a ganhar nem a temer neste mundo, depõem o que se acaba de ler: "Nós a ouvíamos", dizem eles, "no fogo, invocar suas santas, seu arcanjo; repetia o nome do Salvador... Enfim, deixando pender a cabeça, lançou um grande grito: 'Jesus!'".

"Dez mil homens choravam..." Só alguns ingleses riam ou procuravam rir. Um deles, dos mais furiosos, havia jurado que colocaria um feixe de lenha na fogueira; ela expirava no momento em que o fazia, e ele se sentiu mal; seus companheiros conduziram-no a uma taberna para dar-lhe de beber e fazê-lo voltar a si; mas ele não conseguia recobrar-se. "Eu vi", dizia fora de si, "vi voar de sua boca, com o último suspiro, uma pomba". Outros tinham lido nas chamas a palavra que ela repetia: "Jesus!" À noite o carrasco foi encontrar-se com frei Isambart; estava completamente apavorado; confessou-se, mas não podia crer que Deus lhe perdoasse algum dia... Um secretário do rei da Inglaterra dizia bem alto ao regressar: "Estamos perdidos; queimamos uma santa!"

[1] Os exemplos seriam inumeráveis. Citemos apenas as damas de Lalaing (1452, 1581). A segunda defendeu Tournai contra o maior capitão do século XVI, o príncipe de Parma (Reiffenberg).

[2] Heroína francesa que em 1472 defendeu Beauvais, sitiada por Carlos, o temerário. (N. do T.)

[3] *Et armoient les femmes, ainsi que diables, pleines de toutes cruautés, et en furent trouvées plusieurs mortes et occises aux rencontres.* (E armavam as mulheres, como diabos, cheias de todas as crueldades, e várias foram mortas e destruídas nos embates.) Monstrelet.

[4] *Journal du Bourgeois de Paris*, t. XV, pp. 119-122. D'Artigny, Voltaire e Beaumarchais acreditavam que esse Ricardo teria doutrinado Joana d'Arc. Ver a refutação peremptória de Berriat-Saint-Prix em sua *Histoire de la Pucelle*, pp. 242-243. Meyer, *Annales Rerum Flandicarum*, f. 271 verso. "De Bretaigne bretonnant". *Journal du Bourgeois de Paris*, t. XV, p. 134, 1430. *Notice des mss.*, t. III, p. 347. — *Procès*, ed. Buchon, 1827, p. 87. — *Journal du Bourgeois*, t. XV, p. 411, 1430: Jean Chartier, p. 47.

[5] *Histoire au vray du siège.*

[6] Há ainda uma Domrémy, porém mais distante do Mosa.

[7] Tendo a Donzela nascido num antigo feudo de Saint-Remy, compreende-se melhor por que a idéia de Reims, a idéia do sagrado, dominou toda a sua missão. Ela chamou Carlos VII apenas de *delfim* até ele ser sagrado. Um título de 1490 conta Domrémy-la-Pucelle entre as propriedades da abadia (Varin, *Archives administratives de Reims*, p. 242). Depois essa propriedade foi alienada; mas o curato da aldeia parece ter permanecido por muito tempo atrelado ao monastério de Saint-Remy (Varin, segundo D. Martel. *Hist. ms. de Reims*). Ver, entre outras obras, a erudita introdução de Varin, *Archives de Reims*, pp. XXIII-XXIV.

[8] É a ortografia utilizada por Jean Hordal, descendente de um irmão da Donzela. (Hordal, *Johannae Darc historia*, 1612, in-4°). Em conseqüência, não se pode tirar esse nome da aldeia d'Arc.

[9] De Montier-en-Der.

[10] Título feudal equivalente a *seigneur* (senhor). [N. do E.]

[11] Carlos V uniu-a inseparavelmente à coroa em 1365. *On voit encore en Champagne, près de Vaucouleurs, de grosses pierres que l'empereur Albert et Philippe le Bel firent planter pour servir de bornes à leurs empires.* (Ainda se vê na Champagne, perto de Vaucouleurs, grandes pedras que o imperador

Alberto e Filipe, o Belo, mandaram colocar para servir de limites a seus impérios.) Vosgien, cônego de Vaucouleurs.

[12] Vê-se ainda hoje, acima das portas da cabana onde Joana d'Arc habitou, três escudos esculpidos: o de Luís XI, que fez embelezar a cabana; aquele que foi dado sem dúvida a um dos irmãos da Donzela com o sobrenome Du Lis; e um terceiro escudo que traz uma estrela e três *relhas de charrua* para expressar a missão da Donzela e a humilde condição de seus pais. Vallet, *Mémoire adressé à l'Institut historique, sur le nome de famille de la Pucelle.*

[13] O nome *Romée* costumava ser adotado na Idade Média por aqueles que haviam feito a peregrinação a Roma.

[14] É o prenome de um grande número de homens célebres da Idade Média: João de Parma (suposto autor do *Evangelho eterno*, João Fidenza (são Boaventura), João Gérson, João Pequeno, João de Occam, João Huss, João Calvino etc. Esse prenome parece anunciar nas famílias que o davam a seus filhos um tipo de tendência mística. A escolha do nome tem uma importância singular em todas as épocas religiosas (ver minhas *Origines du droit*), com muito mais razão entre os cristãos da Idade Média, que colocavam a criança sob o patronato do santo de quem levava o nome.

[15] *Interrogée si elle avoit apprins aucun art ou mestier, dist: que oui, et que sa mère lui avoit apprins à cousdre, et qu'elle ne cuidoit point qu'il y eust femme dans Rouen qui lui en sceust apprendre aucune chose. Ne alloit point aux champs garder les brebis ne austres bestes... — Depuis qu'elle a esté grande et qu'elle a eu entendement, ne les gardoit pas...; mais de son âge, si elles les gardoi, ou non, n'en a pas la mémoire.* (Interrogada sobre se tinha aprendido alguma arte ou ofício, disse que sim, que sua mãe ensinara-lhe a coser e que não pensava que existisse mulher em Ruão que pudesse ensinar-lhe algo. Não ia aos campos para guardar as ovelhas nem outros animais... — Depois que cresceu e alcançou o entendimento, não os guardava...; mas em sua tenra idade não se recorda se os guardava ou não.) *Procès*, interrogatório de 22 e 24 de fevereiro de 1431. O testemunho de Joana parece-me dever preferir-se ao das testemunhas do segundo processo, que, por sinal, falam muito tempo depois.

[16] *Que autre personne que sadite mère ne lui apprint sa créance.* (Que nenhuma outra pessoa além de sua mãe ensinara-lhe sua crença.) *Ibidem.*

[17] *Steti et jacuit amorose in domo patris sui.* Depoimento de Haumette.

[18] *A ouy dire à plusieurs femmes que ladite Pucelle...onques n'avoit eu...*(Por ouvir dizer de várias mulheres, que a dita Donzela...nunca tivera... Depoimento de seu velho escudeiro, Jean Daulon.

[19] *Que voit-on de l'huys de son père.* (Que se vê desde o umbral da casa paterna.) *Procès*, interrog. de 24 de fevereiro de 1431.

[20] *Procès*, interrog. de 24 de fevereiro de 1431.

[21] *Propter corum peccata.* Depoimento de Béatrix.

[22] Santa Margarida vê aparecer o diabo sob a forma de um dragão;

afugenta-o por um sinal da cruz, escapa da casa de seu marido *em vestes de homem*: *Tonsis crinibus in virili habitu. Legenda aurea Sanctorum.*

[23] Essa Donzela devia vir do bosque de *copas desbastadas*; ora, existia um bosque com esse nome à porta mesma da aldeia de Joana d'Arc. *Quod debebat venire puella ex quodam nemore canuto ex partibus Lotharingiae.* Depoimento da primeira testemunha da investigação de Ruão. *Notices des mss.*, t. III, p. 347.

[24] *Procès*, interrog. de 22 de fevereiro.

[25] *Procès*, interrog. de 22 de fevereiro.

[26] *Ibidem*, 15 de março.

[27] *Procès*, interrog. de 27 de fevereiro.

[28] *Saepe habebat verecundiam etc.* Depoimento de Haumette.

[29] Ela tinha paixão pelo som dos sinos: *Promiserat dare lanas... ut diligentiam haberet pulsandi.* Depoimento de Périn.

[30] *Journal du Bourgeois.*

[31] *Procès*, interrog. de 12 de março.

[32] *Daret ei alapas. Notices des mss.*

[33] *Nescivit recessum... Multum flevit...* Depoimento de Haumette.

[34] *Pauperibus vestibus rubeis.* Depoimento de Jean de Metz.

[35] *Procès*, interrog. de 12 de março.

[36] *Apportaverat stolam... adjuraverat.* Depoimento de Catarina, mulher do carpinteiro.

[37] Eu acreditaria de bom grado que o capitão Baudricourt consultou o rei, e que sua sogra, a rainha Iolanda de Anjou, entendeu-se com o duque de Lorena quanto ao partido que podiam tirar dessa moça. Ela foi inicialmente encorajada pelo duque e, em sua chegada, acolhida pela rainha Iolanda, conforme se verá. Comparar, a respeito desse ponto importante, Lebrun e Laverdy. "Chronique de Lorraine", ap. D. Calmet, *Preuves*, t. II, p. VI.

[38] *Equum pretii XVI francorum.* Depoimento de Jean de Metz.

[39] *Sui fratres de paradiso.* Depoimento de Jean de Metz.

[40] *Ibidem.* Depoimento do frei Séguin.

[41] Ela declarou em fevereiro de 1431 "que tinha 19 anos ou perto disso". *Procès*, interrog. de 21 de fevereiro de 1431, p. 54, ed. 1827. Vinte testemunhas depuseram no mesmo sentido. Ver o resumo de todos os testemunhos em Berriat-Saint-Prix, pp. 178-179. Depoimentos, *Notices des mss.*, t. III, p. 373. Lebrun de Charmettes queria fazer dela uma beleza acabada. O inglês Grafton, ao contrário, em seu divertido furor, disse: *Elle était si laide qu'elle n'eut pas grand mal à rester pucelle (because of her foule face).* (Ela era tão feia que não tinha grande dificuldade em permanecer virgem). Grafton, p. 534. — O retrato de Joana d'Arc que se encontra à margem de uma cópia do processo é apenas uma garatuja do escrivão. Cf. o fac-símile dos mss. da Biblioteca Real, na segunda edição de Guido Goerres, *Die Jungfrau von Orleans*, 1841. Philippus Bergam. *De Claris Mulieribus*, cap. CLVII; segundo um senhor italiano que vira a Donzela na corte de Carlos VII. *Ibidem*, p. 369.

[42] *Mammas, quae pulchrae erant.*

[43] *Paupercula bergereta...* Depoimento de Gaucourt, grão-mestre da casa real.

[44] Décima quinta testemunha. *Notices.* Segundo um relato menos antigo, mas muito verossímil, ela lhe lembrou uma coisa que só ele sabia: que uma manhã, em seu oratório, ele rogara a Deus a graça de recuperar o seu reino *se fosse o legítimo herdeiro*; caso contrário, a graça de não perecer nem cair em cativeiro, mas de poder refugiar-se na Espanha ou na Escócia. Parece resultar das respostas da Donzela aos seus juízes, de resto muito obscuras, o fato de essa corte astuciosa ter abusado de sua simplicidade; e, para que confirmasse suas visões, fez representar diante dela uma espécie de mistério onde um anjo trazia a coroa. Sala, *Exemples de la hardiesse*, mss. francês da Bibl. Real, nº 180. Lebrun, t. I, pp. 180-183. *Procès*, pp. 77, 94-95, 102-106, ed. 1827.

[45] *Notices.*

[46] *Magno modo.* Depoimento do frei Séguin.

[47] *Plouroient à chaudes larmes.* (Choravam copiosamente.) *Chronique de la Pucelle.*

[48] Depoimento da testemunha ocular Versailles.

[49] Essa carta e as outras que a Donzela ditou são com toda certeza autênticas. Têm um caráter heróico que ninguém teria podido imitar, uma vivacidade bem francesa, à maneira de Henrique IV, mas duas coisas a mais: ingenuidade, santidade. (Ver essas cartas em Buchon, de Barante, Lebrun etc.) Lenglet du Fresnoy, segundo o ms. de Jacques Gelu. *De Puella Aurelianensi*, mss. lat. Bibl. Regiae, n° 6199.

[50] *Fut icelle Pucelle baillée à la royne de Cecile etc.* (Essa Donzela foi conduzida à rainha de Sicília etc.) *Notices des mss.*, t. III, p. 351.

[51] *Et fit ladite Pucelle très-bonne chère à mon frère et à moy, armée de toutes pièces, sauve la teste, et la lance en la main. Et après que nous feusmes descendus à Selles, j'allay à son logis la voir, et fit venir le vin, et me dit qu'elle m'en feroit bien tost boire à Paris, et semble chore toute divine de son fait, et de la voir et de l'oir... Et la veis monter à cheval armée tout en blanc, sauf la teste, une petite hache en sa main, sur un grand coursier noir... et lors se tourna vers l'huis de l'église, qui estoit bien prochain, et dist en assez voix de femme: 'Vous, les prêtres et gens d'Église, faites processions et prières à Dieu'. Et lors se retourna à son chemin en disant*: Tirez avant! tirez avant! *son estendard ployé, que portoit un gracieux paige, et avoit sa hache petite en la main.* (E a dita Donzela, completamente armada, exceto a cabeça, e com a lança na mão, fez muito boa acolhida a meu irmão e a mim. E depois de termos descido a Selles, fui a seu alojamento vê-la e ela mandou trazer vinho, dizendo-me que muito em breve me faria beber em Paris, e parece coisa tão divina vê-la e ouvi-la... E a vimos montar a cavalo, toda armada de branco, exceto a cabeça, sobre um grande corcel negro, com uma machadinha na mão... e então voltou-se para a porta da igreja, que se encontrava bem próxima, e

disse com voz bem feminina: 'Vós, padres e eclesiásticos, fazei procissões e orações a Deus'. E retornou ao seu caminho, dizendo: *Avante, avante*, e seu estandarte dobrado era conduzido por um gracioso pajem e ela trazia a machadinha na mão.) (Carta de Gui de Laval à sua mãe e sua avó.)

[52] *Nolebat uti ense suo, nec volebat quemquam interficere.* Depoimento de frei Séguin.

[53] Monstrelet exagera ao acaso; ele diz *70* bastilhas e eleva a *7000 ou 8000* homens os ingleses mortos nas bastilhas do sul etc.

[54] *Sur quoy le chapelain lui donna absolution telle quelle, et lors la Hire fit sa prière à Dieu, en disant en son gascon...* (Quanto a isso, o capelão deu-lhe a absolvição e então La Hire fez sua oração a Deus, dizendo em seu gascão...) *Mémoires concernant la Pucelle.*

[55] Depoimento de Dunois. *Jeanne ordonna que tous se confessassent...et leur fict oster leurs fillettes*

[56] *Vous, duc de Bedford, la Pucelle vous prie et requiert que vous ne vous faictes mie destruire. Si vous lui faictes raison, encore pourrez-vous venir en sa compagnie, l'où que les Franchois feront le plus bel fait que oncques fut fait pour la Chrestienté.* (A vós, duque de Bedford, a Donzela roga e solicita que não me façais destruir. Se lhe fizerdes justiça, então *podereis vir em sua companhia*, lá onde os franceses farão a mais bela façanha jamais realizada pela cristandade.) *Lettre de la Pucelle.*

[57] *Multum laesa, quia decubuit cum armis.* Depoimento de Louis de Contes, pajem da Donzela.

[58] Depoimento de Dunois.

[59] Ela parecia pelo menos um anjo, uma criatura estranha a todas as necessidades físicas. Às vezes permanecia o dia inteiro a cavalo, sem descer, sem comer, nem beber, salvo, à noite, um pouco de pão e vinho misturado com água.

[60] As injúrias dos ingleses eram-lhe muito sensíveis. Ao ouvir ser chamada de "la putain des Armignats" (a puta dos Armagnacs), chorou copiosamente e tomou Deus por testemunha; depois, sentindo-se consolada, disse: "Tive notícias de meu Senhor".

[61] *Après laquelle couroit le peuple à très-grand'foulle, prenant moult grand plaisir à la veoir et estre entour elle. Et quand elles eust veu et regardé à son plaisir les fortifications des Anglois...* (Atrás da qual corria o povo em massa, sentindo grande prazer em vê-la e estar ao seu redor. E quando viu e observou a seu bel-prazer as fortificações dos ingleses...) *L'Histoire et discours au vray du siège.*

[62] Depoimento de Compaing, cônego de Orléans.

[63] Depoimento do frei Pasquerel, confessor da Donzela.

[64] Depoimento de Daulon, escudeiro da Donzela.

[65] *Que mes cheveux ne me levassent en sus.* (Que meus cabelos não se eriçassem.) Depoimento de Daulon, escudeiro da Donzela.

[66] Depoimento de Louis Contes, pajem da Donzela.

[67] Depoimento de frei Pasquerel, seu confessor.

[68] *Vous fuistis in vestro consilio, et ego in meo.* Depoimento do confessor da Donzela.

[69] Depoimento de Colette, mulher do tesoureiro Millet, em cuja casa ela se hospedara.

[70] *Sembloit...] qu'ils cuidassent estre immortels.* (Parecia...que acreditavam ser imortais.) *L'Histoire et dircours au vray du siège.*

[71] *Timuit, flevit...Apposuerunt oleum olivarum cum lardo. Notices des mss.*

[72] Foi o que disseram nessa mesma noite, quando foram levados a Orléans.

[73] Segundo a tradicão orleanesa, conservada por Le Maire (*Histoire d'Orléans*), seria em memória dessa aparição que Luís XI teria instituído a Ordem de são Miguel, com a divisa: *Immensi tremor oceani.* No entanto, Luís XI nada diz a esse respeito no edito de fundação. Essa divisa, sem dúvida, refere-se unicamente à célebre peregrinação: *In periculo maris.*

[74] *Clamando et dicendo: 'Classidas, Classidas, ren ty, ren ty Regi coelorum! Tu me vocasti* putain. *Ego habeo magnam pietatem de tua anima, et tuorum...' Incepit flere fortiter pro anima ipsius et aliorum submersorum.* (*Notices des mss.*)

[75] Sete meses durara o cerco, de 12 de outubro de 1428 a 8 de maio de 1429. Dez dias bastaram à Donzela para libertar a cidade; entrou nela em 29 de abril, à noite. O dia da libertação foi uma festa para Orléans; a festa começou pelo elogio a Joana d'Arc; logo depois uma procissão percorreu a cidade, e no meio dela caminhava um jovem representando a Donzela. (Polluche, *Essai hist. sur Orléans*, nota 77. Lebrun de Charmettes, II, 128.) Não se tem certeza de que esse panfleto seja de Gerson. *Gersonii Opera*, IV, 859. *Je Christine, qui ay plouré* XI *ans en 1'abbaye Glose etc.* (Eu Cristina, que chorei por 11 anos enclausurada na abadia.) Raimond Thomassy, *Essai sur les écrits de Christine de Pisan*, p. XLII.) Henrici de Gorckheim, Propos. libr. duo, em *Sibylla Francica*, Goldast, 1606. Ver os outros autores citados por Lebrun, II, 325, e III, 7-9, 72.

[76] Ver o depoimento do duque de Alençon. O duque, que desejava adiar o assalto, ouviu da Donzela o seguinte: *Ah! gentil duc, as-tu peur? ne sais-tu pas que j'ai promis à ta femme de te ramener sain et sauf*? (Ah! gentil duque, tens medo? Não sabes que prometi à tua mulher levar-te de volta são e salvo?) *Notices des mss.*

[77] Tudo isso é muito longo no panegírico de Richemont, por Guilherme Gruel, Coleção Petitot, t. VIII.

[78] Falstoff fugiu como os outros e foi destituído da Ordem da Jarreteira. Era grão-mestre-de-cerimônias de Bedford. Sua destituição, logo revogada, foi provavelmente um golpe desferido contra Bedford. (Ver Graffon e o célebre memorial do sr. Berrager para reabilitar Falstoff.)

[79] *Tenendo eum in caput et consolando.* Depoimento do pajem Louis de Contes.

[80] Depoimento de Simon Charles.

[81] Ver Varin, *Archives de Reims*, e minhas *Origines du droit*, p. 155.

[82] Um anônimo do século XII já fala desse dom transmitido aos nossos reis por são Marculfo. *Acta SS. ord. S. Bened.*, Mabillon, t. VI. Reiffenberg dá a lista dos autores que fizeram menção a isso. Notas de sua edição de Barante, t. IV, p. 261.)

[83] *Chronique de la Pucelle, Notices des mss.* Depoimento de Dunois.

[84] *Ob defectum pergameni et eclipsim justitiae.* Registro do parlamento, citado no prefácio do t. XIII das *Ordonnances*, p. LXVII. *Pour escripre les plaidoieries et les arretz...plusieurs fois a convenu par nécessité...que les greffiers...à leurs despens aient acheté et payé le parchemin.* (Para escrever os informes e os decretos...várias vezes por necessidade se conveio...em que os escrivães...comprassem e pagassem do próprio bolso o pergaminho.) *Archives, Registres du parlement, samedi XX jour de janvier* 1431.

[85] Em 15 de junho contratam-se embarcações para a travessia; as condições sob as quais ele quer ajudar o rei, seu sobrinho, só são estabelecidas no dia 18; o tratado é de 1° de julho, e no dia 16 o regente e o conselho da França ainda estão suplicando a Winchester para ir conduzir o rei o mais rápido possível. Ver todas essas atas em Rymer.

[86] Deram-lhe, além do mais, 20000 libras para pagamento de soldados. *Archives, Trésor des chartes*, J. 249, recibo de 8 de julho de 1429.

[87] Turner.

[88] Essa realeza dos bispos manifesta-se fortemente em um fato muito pouco conhecido. Os maçons tinham sido denuncia-dos em um estatuto do terceiro ano de Henrique VI como formadores de associações contrárias às leis, seus capítulos anuais foram proibidos etc. Em 1429, quando a influência do protetor Glocester foi anulada pela de seu tio o cardeal, vemos o arcebispo de Canterbury formar uma loja de maçons e declarar-se seu chefe. (*The early History of free masonry in England*, por James Orchard Halliwel, Londres, 1840, p. 95.)

[89] Rymer.

[90] O desafio de Bedford "A Carlos de Valois" está escrito na língua devota e nas formas hipócritas que caracterizam geralmente as atas da casa de Lancaster: *Ayez pitié et compassion du povre peuple chrestien...Prenez au pays de Brie aucune place aux champs...Et lors, si vous voulez aucune chose offrir, regardant au bien de la paix, nous laisserons et ferons tout ce que bon prince catholique peut et doit faire.* (Tende piedade e compaixão do pobre povo cristão...Tomai algum lugar nos campos da região de Brie...E então, se desejais oferecer algo para o bem da paz, deixaremos e faremos tudo o que um bom príncipe católico pode e deve fazer.) Monstrelet.

[91] Facção popular do partido borguinhão, sob Carlos VI, assim designado em razão do nome de seu chefe, Caboche, açougueiro de Paris. [N. do T.]

[92] Feixes de ramos que serviam para atulhar os fossos de uma praça militar. [N. do T.]

[93] Aqui a violência do burguês é divertida: *Estoient plains de si grant maleur et de si malle créance, que, pour le dit d'une créature qui estoit en forme de femme avec eulx, qu'on nommoit la Pucelle (que c'estoit? Dieu le scet), le jour de la Nativité Notre-Dame firent conjuration... de celui jour pour assaillir Paris...* (Estavam cheios de desgraça e tão maléfica crença que, pelo dito de uma criatura que estava em forma de mulher com eles, que era denominada Donzela (quem era? só Deus sabe), no dia da Natividade de Nossa Senhora conjuraram... naquele dia para assaltar Paris...) *Journal.*

[94] Quando soou a retirada, Daulon percebeu a Donzela à parte com os seus: *Et lui demanda ce qu'elle faisoit là ainsi seule, pour quoy elle ne se retyroit comme les autres; laquelle après ce qu'elle eust osté sa salade de dessus sa tête, lui respondit qu'elle n'estoit point seule, et que encore avoit-elle en sa compaignie cinquante mille de ses gens, et que d'illec ne se partiroit, jusque ad ce qu'elle eût prinse ladite ville. Il dict il qui parle que à celle heure, quelque chose qu'elle dict, n'avoit pas avec elle, plus de quatre ou cinq hommes.* (E perguntou-lhe o que fazia ali sozinha, por que não se retirava como os outros; ela, depois de tirar o capacete da cabeça, respondeu-lhe que não estava sozinha, que ainda tinha em sua companhia 50000 de sua gente e que dali não partiria enquanto não tomasse a dita cidade. Ele lhe diz que, não importa o que ela diga, não tem consigo mais de quatro ou cinco homens.) Depoimento de Daulon.

[95] *Bonus ad dandum* de bonnes buffes et de bons torchons. (Bons toques e bons reveses.) *Process. mss.*, 27 de fevereiro de 1431

[96] Ver o depoimento do duque de Alençon e Jean Chartier.

[97] Representante do rei.

[98] *Elle fut consentante de le faire mourir... pour ce qu'il confessast estre meurtrier, larron et traistre.* (Ela consentiu em fazê-lo morrer... porque ele confessou que era assassino, ladrão e traidor.) Interrogatório de 14 de março de 1431.

[99]Em Berriat-Saint-Prix, p. 337 e em Buchon, p. 539, edição de 1838.

[100] *Depoimento de Marguerite la Touroulde.*

[101] *Depoimento de frei Jean Pasquerel.*

[102] Depoimento de Spinal.

[103] *Laquelle icelui duc alla voir au logis où elle estoit, et parla à elle aucunes paroles, dont je ne suis mie bien recors, j'à soit ce que j'y estois présent.* (A qual esse duque foi ver no aposento onde estava e falou-lhe algumas palavras de que não me recordo, apesar de estar presente.) Monstrelet. Ver o que eu disse mais acima com respeito à influência das mulheres na Idade Média, com relação a Heloísa, Branca de Castela, Laura etc., e particularmente o discurso lido no Instituto: *Sur l'Éducation des femmes et sur les écoles de religieuses duns les âges chrétiens* (maio de 1838). *Fontà sçavoir les treize chevaliers compaignons, portans en leur devise l'escu verd à la Dame blanche, premièrement, pourceque tout chevalier est tenu de droict de vouloir garder et défendre 1'honneur, l'estat, les biens, la renommée et la louange de toutes dames*

et damoiselles etc. (Informam os 13 cavaleiros companheiros que levam em sua divisa o escudo verde da Dama branca, primeiro porque todo cavaleiro obriga-se por direito a querer guardar e defender a honra, o estado, os bens, a reputação e o louvor de todas as senhoras e senhoritas.) *Livre des Faicts du maréchal de Boucicaut.*

[104] As festas da Virgem vão-se multiplicando cada vez mais: Anunciação, Apresentação, Assunção etc. Na origem, sua festa principal é a *Purificação*; no século XV ela tem tão pouca necessidade de ser purificada que a *imaculada* Conceição triunfa sobre toda oposição e se torna quase um dogma. Didron observou que a Virgem, inicialmente velha nas pinturas das catacumbas, rejuvenesceu pouco a pouco na Idade Média. Ver sua *Iconographie chrétienne*. A partir do século XVII, a Virgem perde muito; zombou-se do embaixador do rei da Espanha, que, da parte deste último, seu senhor, solicitava a Luís XIV que admitisse a *imaculada* Conceição.

[105] Segundo alguns, essa dama já era sua amante; de qualquer forma, o fato da bigamia é incontestável.

[106] Já caracterizei essa voluptuosa e licenciosa Flandres. Disse como, com seu costume feminino, ela passou incessantemente de um senhor a outro, voando de marido em marido. Os flamengos fizeram com freqüência como Flandres. Os divórcios são comuns nessa região (Quételet). Desse ponto de vista, a história de Jacqueline é muito curiosa; a valorosa condessa de quatro maridos, que defendeu seus domínios contra o duque de Borgonha, não se preservou tão bem. Acabou por trocar a Holanda por um último esposo. Retirou-se com ele para um velho torreão, onde se divertia, segundo dizem, praticando tiro ao alvo ao mesmo passo que lançava nos fossos jarras vazias por cima de sua cabeça. Garante-se que uma dessas jarras retiradas dos fossos trazia uma inscrição de quatro versos, cujo sentido é o seguinte: "Sabei que clama Jacqueline, tendo bebido uma única vez nessa jarra, lançou-a por cima de sua cabeça no fosso, onde desapareceu". (Reiffenberg, notas sobre Barante, IV, 396. Conferir os *Archives du nord de la France*, t. IV, 1º número (segundo um *ms. da Bibl. da Universidade de Louvain*), e o trabalho que prepara Van Ertborn.) – Em 1º de dezembro de 1434, Jacqueline expôs as causas da anulação de seu casamento com o duque de Brabant: *Doudit mariage et alliance sentoit sa consciente bléchie, se estoit confessié et i'en avoit estet baillie absolution, moyennant* XII *CT. couronnes à donner en amonsnes et en penance de cores que elle avoit accomplit.* (Por esse casamento e aliança sentia sua consciência ferida, confessara-se e deram-lhe absolvição mediante 12000 coroas para esmolas e em penitência corporal que fizera.) *Particularités curieuses sur Jacqueline de Bavière*, p. 76, in-8º, Mons., 1838. *Art de vérifier les dates*, Holanda, 1276, III, 184. *Ibidem*, Clèves, III, 184. A parte relativa aos Países Baixos é, como se sabe agora, do cônego Ernst, o sábio autor da *Histoire du Limbourg*, editada por Lavalleye (Liège, 1837). Reiffenberg, *Histoire de la Toison d'or*, p. XXV da introdução. Conferir particularmente *Archives de Lille, chambre des comptes, inventaire*, t. VIII.

[107] Restam não sei quantas cartas e atas desse excelente príncipe com relação à alimentação de bastardos, pensões de mães e nutrizes etc.

[108] O pai era o bravo bastardo João I que acabara de fundar em Portugal uma nova dinastia, como o bastardo Transtamare em Castela. Era a bela época dos bastardos. O hábil e ousado Dunois declarara aos 12 anos que não era filho do rico e ridículo Canny, que não queria sua sucessão, que ele se chamava "o bastardo de Orléans".

[109] Os ingleses parecem ter sido forçados a isso: *Fut par les Parisiens requis au duc de Bourgogne qu'il lui plût à entreprendre le gouvernement de Paris.* (Foi solicitado pelos parisienses ao duque de Borgonha que ele se dispusesse a governar Paris.) Monstrelet.

[110] Monstrelet.

[111] A absurda alegoria do século XV acreditou ver na ordem do Tosão o triunfo dos tecelões de Flandres. No entanto, não havia como equivocar-se em relação a isso. O galante fundador juntou ao tosão um colar de pederneiras com estas palavras: *Ante ferit quam flamma micat.* Procuraram-se vinte sentidos para elas, só há um. A Jarreteira da Inglaterra com sua divisa austera, a Rosa de Savóia, não são mais obscuras.

[112] *Plus tard encore, le prince vieillissant, on fit de Jason* Josué. (Bem mais tarde, com o envelhecimento do príncipe, fez-se *Josué* de Jasão.) Reiffenberg.

[113] Van Eyck foi criado de quarto, depois conselheiro de Filipe, o Bom. Fazia parte da missão que foi buscar a infanta Isabel em Portugal. (Conferir o relato em Gachard.)

[114] A festa dos comedores e bebedores foi celebrada ainda em 1841 em Dilbeck e Zelick. Nele se dá como prêmio um dente de prata ao melhor comedor e uma torneira de tonel de prata ao melhor bebedor.

[115] Faleceu em 4 de agosto, segundo a *Arte de verificar as datas*, em 8 segundo Meyer. O duque negociava com René d'Anjou, herdeiro de Lorena, para desposar sua filha.

[116] Margarida de Borgonha, condessa de Hainaut, filha de Filipe, o Ousado, e de Margarida de Flandres, pela qual a herança feminina do Brabante viera para a casa de Borgonha.

[117] A mãe de Carlos e João de Borgonha (filho do conde de Nevers, morto em Azincourt) tornou a casar, desta vez com Filipe, o Bom em 1454, e partilhava com ela a nobre guarda de seus dois enteados. Com relação à espoliação da casa de Nevers, conferir principalmente *Bibl. Royale, mss.*, fonds Saint-Victor, nº 1080, fol. 53-96.

[118] Milton.

[119] Era o terceiro filho de João, senhor de Beaurevoir, que por seu turno era filho caçula de Gui, conde de Ligny.

[120] A morte da tia era iminente; ocorreu em 1431.

[121] *Elle disoit... que dame Jehane... estoit bonne.* (Ela dizia... que a senhora Joana... era boa.) *Journal du Bourgeois.*

[122] *Contra terrificatos incantationibus Puellae.* Rymer, 2 de maio, 12 de dezembro de 1430.

[123] Projetada por Henrique v.

[124] Conquanto o cardeal houvesse recebido muito dinheiro, também colocava muito do seu. Um cronista assevera que a coroação se fez *à sua custa*; sem dúvida fez também adiantamentos necessários ao processo. *Magnificis suis sumtibus in regem Franciae... coronari. Hist. Croyland*, contin., apud Gale, Angl., Script., I, 516.

[125] O pequeno Henrique VI diz em sua ordenação: "Escolhemos o conde de Warwick... *Ad nos erudiendum... in et de bonis moribus, literatura, idiomate vario, nutritura et* facietia... Rymer, t. IV, pars IV, 1° de julho de 1428. Esse *molle atque facetum* que Horácio atribui a Virgílio como o dom supremo da graça, parece um pouco estranho aplicado, como aqui, ao rude carcereiro da Donzela. De resto, parece não ter sido mais brando com seu aluno; a primeira coisa que estipula ao aceitar a função de preceptor é o direito de *castigar*. Conferir os artigos que ele apresentou no conselho. Turner, II, 508. Conferir Comissão para passar a revista do conde de Warwick, capitão dos castelos, cidade e ponte de Ruão, e de uma lança a cavalo, 14 a pé e 45 arqueiros, para a segurança do castelo etc. *Archives du royaume*, K. 63, 22 de março de 1430.

[126] O borguinhão Chastellain chama-lhe o "très-noble et solemnel clerc" (mui-nobre e solene clérigo). Cf., a respeito de Cauchon, Du Boulay, *Historia Univers. Parisiensis*, V, 912. Cf. o *Religieux de Saint-Denis, ms. Baluze, Bibl. royale*, último tomo, fólio 176.

[127] Cf. também a carta que Clémengis lhe endereça com este título: *Contractus amicitiae mutuae.* Nicol de Clemang Epistolae, II, 323. *Gallia Christiana*, XI, 87-88. *Litterae directae Domino Summo Pontifici pro translatione D. Petri Cauchon, episcopi Balvacensis, ad ecclesiam metropolitanam Rothomagensem.* Rymer, t. IV, pars. IV, p. 152, 15 de dezembro de 1429. Cf. a admoestação de Ruão contra a universidade. Chéruel, 167.

[128] Cauchon recebia dos ingleses 100 soldos por dia, segundo um recibo seu (comunicado pelo sr. Jules Quicherait, de acordo com o *ms. de la Bibl. Royale*, Coleção Gaignière, vol. IV).

[129] Rymer, t. IV, parte IV, p. 165, 19 de julho de 1430. Para compreender o conjunto da espécie de guerra comercial que principiava entre a jovem indústria inglesa e a dos Países Baixos, ver as proibições de importar na França os panos e as lãs tecidas na Inglaterra (1428, 1464, 1494) e, enfim, a importação permitida (1499), sob promessa de reduzir os impostos sobre a lã não trabalhada que os ingleses venderão aos flamengos em Calais. *Rapport du jury sur l'industrie belge*, redigido por Gachard, 1836.

[130] Nas cartas pelas quais Carlos VII concede diversos privilégios aos orleanenses imediatamente após o cerco, nenhuma palavra com respeito à Donzela; a libertação da cidade é devida *à la divine grâce, au secours des habitants et à l'aide des gens de guerre* (à divina graça, ao socorro dos ha-

bitantes e à ajuda dos soldados). *Ordonnances*, XIII. Cf. mais abaixo o despacho de Xaintrailles. De L'Averdy justifica o rei apenas por conjeturas. Berriat-Saint-Prix acha-o indesculpável, p. 239.

[131]Faleceu alguns meses depois, em 25 de janeiro de 1431.

[132] O resgate foi pago antes de 20 de outubro, conforme o prova um dos documentos copiados por Mercier dos Arquivos de Saint-Martin des Champs. Nota do abade Dubois. *Dissertation*, Buchon, 1827, p. 217. O mausoléu do Tosão de Ouro, Amst., 1689, p. 14. *Histoire de l'ordre*, IV, 27.

[133] Place de Grève, praça de Paris onde se faziam as execuções capitais, e na qual foi decapitado um sobrinho de João de Ligny. [N. do T.]

[134] *Comme Dieu layra mourir ces bonnes gens de Compieigne, qui ont esté et sont si loyaux à leur seigneur*? (Como Deus deixará morrer essa boa gente de Compiègne, que foi e é tão leal ao seu senhor?) Interrogatório de 14 de março de 1431.

[135] Interrogatório de 12 de março de 1431.

[136] Sendo demasiado perigosa a estrada da Picardia, fizeram-no passar por Ruão. Em sua carta datada de Ruão, 6 de novembro de 1430, ele dá poderes ao chanceler da França para adiar a abertura do parlamento: *Considérant que les chemins sont très-dangereux et périlleux...* (Considerando que os caminhos são mui perigosos e arriscados...). Outra carta datada de Paris, 13 de novembro, pela qual ele dá um novo prazo. *Ordonnances*, XIII, 159.

[137] O capítulo só se decidiu a tanto após uma deliberação solene. *Vocentur ad deliberandum super petitis per D. episcopum Belvacensem et compareant sub poena pro quolibet deficiente amittend omnes distributiones per octo dies... Assertiones pro quadam muliere in carceribus detenta... eidem in gallico exponantur et caritative moneatur...* *Archives de Rouen*, reg. capitulares, 14-15 de abril de 1461, fol. 98 (comunicado por Chéruel).

[138] *Notices des mss.*

[139] Em 13 ele janeiro, Cauchon reúne alguns padres, doutores e licenciados, e diz-lhes que se pode extrair, das informações já recolhidas, alguns artigos sobre os quais se interrogará a acusada. São empregados 10 dias para fazer esse pequeno resumo; ele é aprovado no dia 23 e Cauchon encarrega o normando João de La Fontaine, licenciado em direito canônico, de fazer o interrogatório preliminar, espécie de instrução preparatória, de inquérito sobre a vida e os costumes pelo qual tinham início os processos eclesiásticos. *Notices des mss.*

[140] Conferir o recibo entre os documentos copiados por Mercier nos arquivos de Saint-Martin des Champs. Nota do abade Dubois, *Dissertation*, Buchon, 1827, p. 219.

[141] Interrogatório de 24 de fevereiro de 1431.

[142] Interrogatório de 24 de fevereiro.

[143] *Fuerunt multum stupefacti, et illa hora dimiserunt*. Processo de revisão. *Notices des mss.*, III, 477. *Procès*, Buchon, 1827, p. 75. Ver também outras perguntas bizarras de casuístas, p. 131 *et passim*.

[144] Interrogatório de 27 de fevereiro.

[145] Interrogatório dos dias 3 e 17 de março.

[146] *Ibidem*., 3 de março.

[147] "No primeiro interrogatório, 39 assessores; no segundo interrogatório, 22 de fevereiro, 47; no dia 24, 40; no dia 27, 53; 3 de março, 38 etc." *Notices des mss.*

[148] *Procès*, 12 de março.

[149] *Procès*, 14 de março. No dia seguinte ela responde a uma pergunta análoga que fugiria uma vez mais se Deus lho permitisse: *Faceret ipsa* une entreprise, *allegans proverbium gallicum: Ayde-toi, Dieu te aydera.* (Ajuda-te, e Deus te ajudará.) *Procès mss.* 15 de março.

[150] Interrogatório de 17 de março.

[151] *Ibidem., 14 de março.*

[152] *Ibidem*., 17 de março.

[153] Interrogatório de 3 e 14 de março.

[154] *Ibidem*., 14 de março.

[155] Interrogatório de 17 de março.

[156] *Non crederet nec praelato suo, nec papae, nec cuicumque, quia hoc habebat a Deo. Notices des mss.*

[157] O inquisidor declarou que, se os dois monges fossem incomodados, ele não participaria mais do processo. *Notices des mss.*

[158] Conferir o depoimento infinitamente curioso e ingênuo do honesto escrivão Guillaume Manchon. *Notices des mss.*

[159] Foram comunicadas inicialmente a alguns dos assessores, àqueles que Cauchon considerava os mais seguros. Estes, todavia, acharam por bem acrescentar uma modificação aos artigos: "Ela se submete à Igreja militante enquanto essa Igreja não lhe impuser nada de contrário a suas revelações feitas e a fazer". Cauchon acreditou, não sem alguma razão, que essa submissão condicional não era uma submissão e se encarregou de suprimir tal alteração.

[160] *Notices des mss.*

[161] Ele escreveu ao bispo por não querer, aparentemente, reconhecer o inquisidor como juiz.

[162] Depoimento de Jean Beaupère. *Notices des mss.*

[163] "Não sei por que", diz um grande mestre das coisas espirituais, "Deus escolheu os dias das festas mais solenes para pôr à prova e purificar ainda mais aqueles que lhe pertencem... Só lá em cima, na festa do céu, seremos salvos de todos os nossos sofrimentos." Saint-Cyran.

[164] Domingo de Ramos, à prima: Deus *in Adjutorium meum intende...*

[165] Todos sabem que o ofício dessa festa é um daqueles que conservaram as formas dramáticas da Idade Média. A procissão encontra a porta da igreja fechada, o celebrante bate: *Attollite portas...* E *a porta abre-se* para o Senhor.

[166] *Procès*, 3 de abril, e não 29 de março, conforme traz o ms. de Orléans, onde há muita confusão nas datas. Buchon, 1827, p. 164, 12 de maio.

[167] *Sicut filiae burgensium, unam houppelandam longam. Procès latin*, ms., domingo 15 de março.

[168] "*Cinq Anglois, dont en demeuroit de nuyt trois en la chambre.*" (Cinco ingleses, três dos quais permaneciam no quarto à noite.) *Notices des mss.*

[169] *De nuyt, elle estoit couché ferrée par les jambes de deux paires de fers à chaîne, et attachée moult estroitement d'une chaine traversante par les pieds de son lict, tenante à une grosse pièce de boys de longuer de cinq ou six pieds et fermante à clef, par quoi ne pouvoit mouvoir de la place.* (De noite ela se deitava com as pernas agrilhoadas por dois pares de correntes, e presa muito estreitamente por uma corrente que atravessava os pés de sua cama, ligada a um grande pedaço de madeira de cinco ou seis pés de comprimento e fechada a chave, impedindo-a de mover-se.) *Notices des mss.* Outra testemunha diz: *Fuit facta una trabes ferrea, ad detinendam eam erectam. Procès ms.*, depoimento de Pierre Cusquel.

[170] O conde de Ligny foi vê-la com um lorde inglês e disse-lhe: "Joana, venho colocar-vos em resgate, desde que prometais não mais erguer as armas contra nós". Ela respondeu: "Ah! meu Deus, estais zombando de mim; bem sei que não tendes nem o desejo nem o poder de fazê-lo". E, como ele repetisse as mesmas palavras, acrescentou: "Sei que esses ingleses farão com que eu morra, pensando, após a minha morte, conquistar o reino de França. Todavia, mesmo que fossem 100000 Godden (centum mille Godons gullice) a mais do que hoje, eles não conquistariam o reino". O lorde inglês ficou tão indignado que sacou da adaga para golpeá-la, e o teria feito, não fosse a intervenção do conde de Warwick. *Notices des mss.*

[171] Não precisamente Cauchon, mas seu homem, Estiver, promotor do processo.

[172] *Notices des mss.*, p. 475 *et passim. Procès*, Buchon, 1827, p. 164, 12 de maio.

[173] *Usquequo oblivisceris me in finem*? Ofícios da Quinta-feira Santa, nas laudes.

[174] Relacione-se isso com o que dissemos da impressão profunda que o som dos sinos produzia nela.

[175] Unanimidade, é verdade, mais aparente que real, como eu o disse e o direi ainda melhor.

[176] Essa era a opinião de Lohier. *Notices des mss.*

[177] *Sui fratres de Paradiso*. Depoimento de Jean de Metz.

[178] *Eam interrogavit quid habebat, quae respondit quod habebat quod fuerat missa quaedam carpa sibi per episcopum Bellovacensem, de qua comederat, et dubitabat quod esset causa suae infirmitatis; et ipse de Estiveto ibidem praesens, redarguit eam dicendo quod male dicebat, et vocavit eam paillardam, dicens: Tu, paillarda, comedisti aloza et alia tibi contraria. Cuiipsa respondia quod non fecerat, et habuerunt ad invicem ipsa Joana et de Estiveto multa verba injuriosa. Postmodumque ipse loquens... audivit ab aliquibus ibidem*

praesentibus, quod ipsa passa fuerat multum vomitum. Notices des mss., III, 471. *Rex eam habebat caram et eam emerat. Ibidem.*

[179] *Non audebant, ea vivente, ponere absidionem ante villam Locoveris. Notices des mss.*, III, 473.

[180] Como fizeram no concílio de Constança. Endell Tyler, *Memoirs of Henry the fifth*, II, 61 (Londres, 1838).

[181] *La caedale que tenoit ledit Monseigneur l'arcevesque.* (A cédula que o dito Monsenhor arcebispo tinha.) Lebrun, IV, 79, segundo o ms. de Urfé.

[182] Os doutores enviados à universidade falaram "em nome do rei" na grande assembléia reunida nos Bernardinos. Bulaeus, *Hist. Univ. Parisiensis*, t. V, *passim.* Esse célebre convento, onde se reuniram tantas assembléias importantes da universidade, onde se julgaram os papas etc., subsiste ainda hoje. É o entreposto dos óleos.

[183] O arcebispo de Reims, La Trémouille etc. Também lhe propuseram que consultasse a Igreja de Poitiers.

[184] "O anjo Gabriel veio visitar-me em 3 de maio para me fortalecer." Terceira admoestação (11 de maio). Lebrun, IV, 90, segundo os autos latinos do processo.

[185] Esse curioso documento em Bulaeus, *Hist. univ. Paris*, V, 395-401.

[186] Os depoimentos do notário Manchon, do meirinho Massieu etc. *Notices des mss.*, III, 502, 505 e *passim.*

[187] *Mentiebatur, quia potius, cum judex esset in causa fidei, deberet quaerere ejus salutem quam mortem, Notices.* Cauchon, para dizer a verdade, devia acrescentar que, no interesse dos ingleses, a retratação era bem mais importante que a morte.

[188] *Inquisivit a cardinal Angliae quid agere deberet. Ibidem*, 484. *A manica sua. Ibidem*, 486.

[189] No *Processus contra Templarios*, a insistência com que os defensores dos Templários pedem *ut ponantur in manu Ecclesiae.* As prisões da Igreja tinham, no entanto, o inconveniente segundo o qual quase sempre se enlanguescia nelas por longo tempo. Vemos em 1384 um assassino, disputado por duas jurisdições do bispo e do preboste de Paris, reivindicar a do preboste e solicitar para ser enforcado pela gente do rei, e não pela do bispado, que lhe teria feito sofrer previamente uma longa e dura penitência: *Flere dies suos, et poenitentiam, cum penuriis multimodis, agere, temporis longo tractu. Archives du royaume, Registres du parlement, ann.* 1384.

[190] *Non curetis, bene rehabebimus cum. Notices des mss.*

[191] *Quod Rex male stabat. Ibidem.*

[192] *A true pattern of the knightly spirit, taste, accomplishments and adventures etc.* Ele foi um dos embaixadores enviados ao Concílio de Constança por Henrique V; desafiado por um duque, matou-o em duelo. Turner dá, com base num manuscrito, a descrição de seu faustuoso torneio de Calais. Turner, II, 506.

[193] Devemos-lhes essas palavras. *Mortification* era, em verdade, empregada

em toda parte na língua ascética; aplicava-se à penitência voluntária que faz o pecador para subjugar a carne e apaziguar a Deus; o que é próprio do inglês é, creio, tê-la aplicado aos sofrimentos mui involuntários da vaidade, tê-la feito passar da religião de Deus para a do eu humano.

194 Não me lembro de ter visto o nome de Deus nas obras de Shakespeare: se está presente, é bem raro, por acaso e sem sombra de sentimento religioso. O verdadeiro herói de Milton é Satã. Quanto a Byron, não rejeitou com firmeza o nome de chefe da escola satânica que lhe davam seus inimigos; esse pobre grande homem, tão cruelmente golpeado pelo orgulho, não teria ficado zangado, segundo parece, de passar pelo Diabo em pessoa. Conferir minha *Introduction à l'histoire universelle*, acerca desse caráter da literatura inglesa.

195 Vale dizer que o duque de Bedford, geralmente tão estimado como homem honesto e sábio, *erat in quodam loco secreto ubi videbat Johannam visitari. Notices des mss.*

196 Ela era irmã do duque de Borgonha, mas havia adotado os costumes ingleses. O "Bourgeois de Paris" mostra-a sempre galopando atrás de seu marido: *Luy et sa femme qui partout où il alloit, le suivoit* (Ele e sua mulher que o seguia aonde quer que ele fosse), *ann.* 1428. *Et à cette heure s'en alloit le régent et sa femme par la porte Saint-Martin, et encontrèrent la procession, dont ils tinrent moult peu de compte; car ils chevauchoient moult fort, et ceux de la procession ne purent reculler; si furent moult touillez de la boue que leurs chevaux jettoient par devant et derrière.* (E a essa hora saíram o regente e sua mulher pela porta de Saint-Martin, e encontraram a procissão à qual deram mui pouca atenção, pois cavalgavam mui rápido, e os participantes da procissão não puderam recuar; e foram mui atingidos pela lama que os cavalos lançavam pela frente e por trás.) *Ibidem, ann.* 1427.

197 Parece que as grandes damas se faziam vestir por *al-faia-tes. Cuidam Joanny Symon, sutori tunicarum... Cum induere vellet, eam accepit dulciter per manum... tradidit unam alapam. Notices des mss.*

198 *Concil. Grangrense, circa annum 324*, tit. XIII, *apud Concil.* Labbe, II, 420.

199 *Licet ornarent se cultu solemniori, ut gratius placerent bis cum quibus agere conceperunt.* Gerson.

200 *La simple Pucelle lui révéla que... on l'avoit tourmentée violentement en la prison, molestée, battue et déchoullée, et qu'un millourt d'Angleterre l'avoit forcée.* (A inocente Donzela revelou-lhe que... a tinham atormentado violentamente na prisão, molestado, espancado e aviltado, e que um milorde da Inglaterra a havia forçado.) Ms. Soubise. Entretanto, a mesma testemunha diz em seu segundo depoimento, redigido em latim: *Eam temptavit vi opprimere.* Lebrun. O que leva a crer que o atentado não foi consumado é que, em suas últimas lamentações, a Donzela exclamava: "Que meu corpo, *inteiramente limpo, que nunca foi corrompido*, seja hoje consumido e transformado em cinzas." *Notices des mss.*

[201] Depoimento do meirinho Massieu, que a acompanhou até a fogueira. *Ibidem.*

[202] Não surpreende que os srs. Lingard e Turner suprimam pormenores tão essenciais, que dissimulem a causa que obrigou a Donzela a retomar as vestes de homem? O católico e o protestante são aqui apenas ingleses.

[203] Fora ele enviado por Carlos VII para libertar a Donzela? Nada o indica. Ele acreditava ter achado um meio de dispensá-la; Xaintrailles fazia-se conduzir por um pequeno pastor gascão. A expedição fracassou e o pastor foi apanhado. Alain Chartier, *Chroniques du roi Charles VII*, e Jean Chartier, maio de 1431, ed. Godefroy, p. 47. *Journal du Bourgeois*, p. 427, ed. 1827.

[204] Depoimento do notário Manchon. *Notices.*

[205] *In loco tuto.* O processo verbal substitui por: *Carcer graciosus.* Lebrun.

[206] Faronnelle, *faictes bonne chière, il en est faict.* (*Faronnelle*, façam boa refeição, está acabado.) Depoimento de Isambard.

[207] Depoimento de Jean Toutmouillé. *Notices des mss.*

[208] Depoimento de frei Jean de Levozoles. Lebrun.

[209] Depoimento de Jean Toutmouillé. *Notices des mss.*

[210] Isso, de resto, é apenas um diz-se (*Audivit dici...*), uma circunstância dramática cuja tradição popular talvez tenha ornado gratuitamente o relato. *Notices des mss.*

[211] *Procès français*, ed. Buchon, 1827, p. 79, III. *An suum concilium dixerit sibi quod erit liberara a praesenti carcere? Respondet: Loquamini mecum infratres menses... Oportebit semel quod ego sim liberara... — Dominus noster non permittet eam venire ita basse, quin habeat succursum a Deo bene cito et per miraculum. Procès latin ms*, 27 de fevereiro, 17 de março de 1431.

[212] *De quoi il estoit fort marry et avoit grant compassion.* (Pelo que se sentia muito aflito e tinha grande compaixão.) Esse pormenor e a maioria dos que se vão seguir são extraídos dos depoimentos das testemunhas oculares, Martin l'Advenu, Isambart, Toutmouillé, Manchon, Beaupère, Massieu etc. Conferir *Notices des mss.*, III, 489-508.

[213] *Journal du Bourgeois*

[214] *Episcopus Belvacensis flevit... Le cardinal d'Angleterre et plusieurs autres Anglois furent contraincts plourer.* (O cardeal da Inglaterra e vários outros ingleses choraram comovidos.) *Notices des mss.*

[215] O inquérito que mandaram fazer sobre suas pretensas retratações não é assinado nem pelas testemunhas perante as quais elas teriam ocorrido, nem pelos escrivães do processo. Três dessas testemunhas, interrogadas mais tarde, nada dizem a esse respeito e parecem não ter tido nenhum conhecimento disso. L'Averdy.

[216] Jó.

[217] *Quod voces quas habuerat, erant a Deo... nec credebat per easdem voces fuisse deceptam. Notices des mss*, III, 489. Henri Martin deu uma explicação racional das *vozes* e das visões de Joana d'Arc: "O filósofo poderia sustentar que a ilusão do inspirado consiste em tomar por uma revelação trazida

por seres exteriores, anjos, santos ou gênios, as revelações interiores dessa personalidade infinita que se encontra em nós e que, às vezes, nos melhores e maiores, manifesta por clarões forças latentes, ultrapassando quase sem medida as faculdades de nossa atual condição. No dizer das antigas filosofias e das religiões as mais elevadas, são as revelações do *férouer* masdeísta, do bom demônio (o de Sócrates), do anjo da guarda, desse outro *eu* que nada mais é que o *eu* eterno, em plena posse de si mesmo", o *awen* dos celtas. Tríades dos Bardos Gauleses.

COLEÇÃO DE BOLSO HEDRA

1. *Iracema*, Alencar
2. *Don Juan*, Molière
3. *Contos indianos*, Mallarmé
4. *Auto da barca do Inferno*, Gil Vicente
5. *Poemas completos de Alberto Caeiro*, Pessoa
6. *Triunfos*, Petrarca
7. *A cidade e as serras*, Eça
8. *O retrato de Dorian Gray*, Wilde
9. *A história trágica do Doutor Fausto*, Marlowe
10. *Os sofrimentos do jovem Werther*, Goethe
11. *Dos novos sistemas na arte*, Maliévitch
12. *Mensagem*, Pessoa
13. *Metamorfoses*, Ovídio
14. *Micromegas e outros contos*, Voltaire
15. *O sobrinho de Rameau*, Diderot
16. *Carta sobre a tolerância*, Locke
17. *Discursos ímpios*, Sade
18. *O príncipe*, Maquiavel
19. *Dao De Jing*, Laozi
20. *O fim do ciúme e outros contos*, Proust
21. *Pequenos poemas em prosa*, Baudelaire
22. *Fé e saber*, Hegel
23. *Joana d'Arc*, Michelet
24. *Livro dos mandamentos: 248 preceitos positivos*, Maimônides
25. *O indivíduo, a sociedade e o Estado, e outros ensaios*, Emma Goldman
26. *Eu acuso!*, Zola | *O processo do capitão Dreyfus*, Rui Barbosa
27. *Apologia de Galileu*, Campanella
28. *Sobre verdade e mentira*, Nietzsche
29. *O princípio anarquista e outros ensaios*, Kropotkin
30. *Os sovietes traídos pelos bolcheviques*, Rocker
31. *Poemas*, Byron
32. *Sonetos*, Shakespeare
33. *A vida é sonho*, Calderón
34. *Escritos revolucionários*, Malatesta
35. *Sagas*, Strindberg
36. *O mundo ou tratado da luz*, Descartes
37. *O Ateneu*, Raul Pompeia
38. *Fábula de Polifemo e Galateia e outros poemas*, Góngora
39. *A vênus das peles*, Sacher-Masoch
40. *Escritos sobre arte*, Baudelaire
41. *Cântico dos cânticos*, [Salomão]
42. *Americanismo e fordismo*, Gramsci
43. *O princípio do Estado e outros ensaios*, Bakunin
44. *O gato preto e outros contos*, Poe
45. *História da província Santa Cruz*, Gandavo
46. *Balada dos enforcados e outros poemas*, Villon
47. *Sátiras, fábulas, aforismos e profecias*, Da Vinci
48. *O cego e outros contos*, D.H. Lawrence

49. *Rashômon e outros contos*, Akutagawa
50. *História da anarquia (vol. 1)*, Max Nettlau
51. *Imitação de Cristo*, Tomás de Kempis
52. *O casamento do Céu e do Inferno*, Blake
53. *Cartas a favor da escravidão*, Alencar
54. *Utopia Brasil*, Darcy Ribeiro
55. *Flossie, a Vênus de quinze anos*, [Swinburne]
56. *Teleny, ou o reverso da medalha*, [Wilde et al.]
57. *A filosofia na era trágica dos gregos*, Nietzsche
58. *No coração das trevas*, Conrad
59. *Viagem sentimental*, Sterne
60. *Arcana Cœlestia* e *Apocalipsis revelata*, Swedenborg
61. *Saga dos Volsungos*, Anônimo do séc. XIII
62. *Um anarquista e outros contos*, Conrad
63. *A monadologia e outros textos*, Leibniz
64. *Cultura estética e liberdade*, Schiller
65. *A pele do lobo e outras peças*, Artur Azevedo
66. *Poesia basca: das origens à Guerra Civil*
67. *Poesia catalã: das origens à Guerra Civil*
68. *Poesia espanhola: das origens à Guerra Civil*
69. *Poesia galega: das origens à Guerra Civil*
70. *O chamado de Cthulhu e outros contos*, H.P. Lovecraft
71. *O pequeno Zacarias, chamado Cinábrio*, E.T.A. Hoffmann
72. *Tratados da terra e gente do Brasil*, Fernão Cardim
73. *Entre camponeses*, Malatesta
74. *O Rabi de Bacherach*, Heine
75. *Bom Crioulo*, Adolfo Caminha
76. *Um gato indiscreto e outros contos*, Saki
77. *Viagem em volta do meu quarto*, Xavier de Maistre
78. *Hawthorne e seus musgos*, Melville
79. *A metamorfose*, Kafka
80. *Ode ao Vento Oeste e outros poemas*, Shelley
81. *Oração aos moços*, Rui Barbosa
82. *Feitiço de amor e outros contos*, Ludwig Tieck
83. *O corno de si próprio e outros contos*, Sade
84. *Investigação sobre o entendimento humano*, Hume
85. *Sobre os sonhos e outros diálogos*, Borges | Osvaldo Ferrari
86. *Sobre a filosofia e outros diálogos*, Borges | Osvaldo Ferrari
87. *Sobre a amizade e outros diálogos*, Borges | Osvaldo Ferrari
88. *A voz dos botequins e outros poemas*, Verlaine
89. *Gente de Hemsö*, Strindberg
90. *Senhorita Júlia e outras peças*, Strindberg
91. *Correspondência*, Goethe | Schiller
92. *Índice das coisas mais notáveis*, Vieira
93. *Tratado descritivo do Brasil em 1587*, Gabriel Soares de Sousa
94. *Poemas da cabana montanhesa*, Saigyō
95. *Autobiografia de uma pulga*, [Stanislas de Rhodes]
96. *A volta do parafuso*, Henry James
97. *Ode sobre a melancolia e outros poemas*, Keats
98. *Teatro de êxtase*, Pessoa
99. *Carmilla — A vampira de Karnstein*, Sheridan Le Fanu

100. *Pensamento político de Maquiavel*, Fichte
101. *Inferno*, Strindberg
102. *Contos clássicos de vampiro*, Byron, Stoker e outros
103. *O primeiro Hamlet*, Shakespeare
104. *Noites egípcias e outros contos*, Púchkin
105. *A carteira de meu tio*, Macedo
106. *O desertor*, Silva Alvarenga
107. *Jerusalém*, Blake
108. *As bacantes*, Eurípides
109. *Emília Galotti*, Lessing
110. *Contos húngaros*, Kosztolányi, Karinthy, Csáth e Krúdy
111. *A sombra de Innsmouth*, H.P. Lovecraft
112. *Viagem aos Estados Unidos*, Tocqueville
113. *Émile e Sophie ou os solitários*, Rousseau
114. *Manifesto comunista*, Marx e Engels
115. *A fábrica de robôs*, Karel Tchápek
116. *Sobre a filosofia e seu método — Parerga e paralipomena (v. II, t. I)*, Schopenhauer
117. *O novo Epicuro: as delícias do sexo*, Edward Sellon
118. *Revolução e liberdade: cartas de 1845 a 1875*, Bakunin
119. *Sobre a liberdade*, Mill
120. *A velha Izerguil e outros contos*, Górki
121. *Pequeno-burgueses*, Górki
122. *Um sussurro nas trevas*, H.P. Lovecraft
123. *Primeiro livro dos Amores*, Ovídio
124. *Educação e sociologia*, Durkheim
125. *Elixir do pajé — poemas de humor, sátira e escatologia*, Bernardo Guimarães
126. *A nostálgica e outros contos*, Papadiamántis
127. *Lisístrata*, Aristófanes
128. *A cruzada das crianças/ Vidas imaginárias*, Marcel Schwob
129. *O livro de Monelle*, Marcel Schwob
130. *A última folha e outros contos*, O. Henry
131. *Romanceiro cigano*, Lorca
132. *Sobre o riso e a loucura*, [Hipócrates]
133. *Hino a Afrodite e outros poemas*, Safo de Lesbos
134. *Anarquia pela educação*, Élisée Reclus
135. *Ernestine ou o nascimento do amor*, Stendhal
136. *A cor que caiu do espaço*, H.P. Lovecraft

Edição _ Jorge Sallum
Coedição _ Bruno Costa e Iuri Pereira
Capa e projeto gráfico _ Júlio Dui e Renan Costa Lima
Imagem de capa _ Michelle Kwajafa
Programação em LaTeX _ Marcelo Freitas
Revisão _ André Fernandes, Bruno Costa e Rita Sam
Assistência editorial _ André Fernandes e Bruno Oliveira
Colofão _ Adverte-se aos curiosos que se imprimiu esta obra em nossas oficinas em 17 de maio de 2011, em papel off-set 90 g/m², composta em tipologia Minion Pro, em GNU/Linux (Gentoo, Sabayon e Ubuntu), com os softwares livres LaTeX, DeTeX, VIM, Evince, Pdftk, Aspell, SVN e TRAC.